estratégia
Do planejamento à execução

ALTA BOOKS
collection

estratégia
Do planejamento à execução

Max McKeown

ALTA BOOKS
EDITORA
Rio de Janeiro, 2019

O que
os melhores
estrategistas
sabem, **fazem**
e **falam**

Copyright © 2019 Starlin Alta Editora e Consultoria Eireli.
Copyright © 2012 Maverick & Strong Limited
Título original: *The Strategy Book*

Tradução: Julio Monteiro de Oliveira
Preparação: Frank de Oliveira
Paginação: Clim Editorial
Capa: Carolina Palharini
Produção Editorial: HSM Editora - CNPJ: 01.619.385/0001-32

Todos os direitos estão reservados e protegidos por Lei. Nenhuma parte deste livro, sem autorização prévia por escrito da editora, poderá ser reproduzida ou transmitida. A violação dos Direitos Autorais é crime estabelecido na Lei nº 9.610/98 e com punição de acordo com o artigo 184 do Código Penal.

Erratas e arquivos de apoio: No site da editora relatamos, com a devida correção, qualquer erro encontrado em nossos livros, bem como disponibilizam os arquivos de apoio se aplicáveis à obra em questão.

Acesse o site www.altabooks.com.br e procure pelo título do livro desejado para ter acesso às erratas, aos arquivos de apoio e/ou a outros conteúdos aplicáveis à obra.

Suporte Técnico: A obra é comercializada na forma em que está, sem direito a suporte técnico ou orientação pessoal/exclusiva ao leitor.

A editora não se responsabiliza pela manutenção, atualização o e idioma dos sites referidos pelos autores nesta obra.

ISBN: 978-85-508-0724-9

Dados Internacionais de Catalogação na Publicação (CIP)
(Câmara Brasileira do Livro, SP, Brasil)

Mckeown, Max
 Estratégia do planejamento à execução / Max Mckeown ; [tradução Julio Monteiro de Oliveira]. -- Rio de Janeiro : Alta Books, 2019.

 Título original: The strategy book.

 1. Administração de empresas 2. Planejamento estratégico I. Título.

13-03761　　　　　　　　　　　　　　　　　　　　CDD-658.4012

Índices para catálogo sistemático:

1. Planejamento estratégico : Administração de empresas 658.4012

Rua Viúva Cláudio, 291 — Bairro Industrial do Jacaré
CEP: 20.970-031 — Rio de Janeiro (RJ)
Tels.: (21) 3278-8069 / 3278-8419
www.altabooks.com.br — altabooks@altabooks.com.br
www.facebook.com/altabooks — www.instagram.com/altabooks

Sumário

Introdução / 8

O que é estratégia? / 11

parte 1 **Seu eu estratégico** / 17

Moldando o futuro / 20

Pense *antes* de planejar / 26

Tornando-se um pensador estratégico / 32

Vendendo sua estratégia / 38

parte 2 **Pensando como estrategista** / 45

Reagir é tão importante quanto planejar / 48

Assumindo riscos (pule os vãos da incerteza) / 53

Olhando sobre o ombro / 60

Onde a grama é (realmente) mais verde / 66

parte 3 **Criando sua estratégia** / 73

Você está vendo o quadro global? / 75

Encontrando posição, intenção e direção / 81

Buscando vantagens / 88

Decisões e escolhas estratégicas / 97

Adaptando-se a seu ambiente competitivo / 103

parte 4 **Vencendo com estratégia** / 111

Vencendo jogos de estratégia / 113

Criando novos mercados / 119

Ficar à frente de seu grupo estratégico / 127

Fazendo seu negócio crescer (mais e mais) / 136

Virando global sem quebrar / 144

Saiba o que você faz melhor / 151

parte 5 **Fazendo sua estratégia funcionar** / 157

Gerenciando o processo de estratégia / 159

Reuniões para mentes estratégicas / 166

Gerenciando mudanças / 175

Entendendo o que pode dar errado / 181

Salvando sua companhia do fracasso / 189

parte 6 **O kit de ferramentas do estrategista** / 199

As perguntas básicas (poderosas) de estratégia / 201

Análise SWOT / 204

As 5 forças de competição de Porter / 206

Estratégias genéricas de Porter/ 208

Modelo de dinâmica de estratégia de Burgelman / 210

Cadeia de valor de Porter / 212

Competências essenciais e visão baseada em recursos / 214

Espiral do conhecimento de Nonaka e Takeuchi / 216

Modelo dos 7S da McKinsey / 218

Planejamento de cenários / 220

Grade de crescimento de Ansoff / 222

Matriz BCG de portfólio de produtos / 224

Oceano azul de Kim e Mauborgne / 226

Modelo de crescimento (e crises) de Greiner / 228

Disciplinas de valor de Treacy e Wiersema / 230

Cummings e Wilson: orientação e motivação / 232

Análise de campo de força de Lewin / 234

As oito fases da mudança de Kotter / 236

Balanced scorecard de Kaplan e Norton / 238

Modelo de execução de estratégia de Hrebiniak / 240

Redesenho de processos de negócios de Hammer e Champy / 242

Orientação estratégica de Michaud e Thoenig / 244

Modelo de aposta estratégica de Burgelman e Grove / 246

Aprendizado de ciclo duplo e de ciclo único de Argyris / 248

Deliberado e emergente de Mintzberg / 250

Modelo de espaço em branco de Johnson / 252

Base da pirâmide de Prahalad / 254

Estratégia da complexidade de Stacey / 256

Palavras finais / 258

Leituras complementares / 259

Índice / 261

Agradecimentos do autor / 270

Agradecimentos dos editores / 271

Introdução

Este livro irá ajudá-lo a entender o que é estratégia e lhe apresentará as ferramentas para vencer os desafios do caminho que leva ao sucesso. Um bom estrategista prevê os obstáculos que encontrará pelo caminho e planeja como enfrentá-los. É um livro prático e objetivo, para ser consultado a qualquer momento. Para cada nova situação você encontrará todo um arsenal de ações a serem tomadas para obter sucesso.

O que *Estratégia – Do planejamento à execução* pode fazer por você? É um livro que vai ajudá-lo a se tornar um líder estratégico vencedor. Baseados em um conjunto de fundamentos estratégicos inteligentes, cada capítulo aborda uma situação e lhe oferece as armas certas, que o autor chama de ferramentas, para enfrentá-la. Assim, você irá trilhar o caminho da estratégia vencendo os obstáculos um a um.

As situações apresentadas neste livro são fundamentadas na experiência do autor, que trabalhou com algumas das companhias mais admiradas do mundo, que enfrentavam momentos de crise. Também trabalhou com companhias menores, mas muito ambiciosas, que queriam chegar lá. Todas queriam sucesso. Aqui o autor nos mostra as estratégias usadas para fazê-las alcançar seus objetivos.

Como usar este livro

Estratégia – Do planejamento à execução está organizado em seis partes. As primeiras cinco partes abordam os desafios mais importantes que o líder de uma equipe tem de enfrentar para criar uma estratégia e fazê-la funcionar. Cada parte é subdividida em situações ou cenários específicos, de modo que você possa se beneficiar da experiência do autor como estrategista. Leia na ordem que quiser ou de acordo com sua necessidade.

Cada um dos tópicos tem a seguinte estrutura:

- Cabeçalho descritivo com o resumo do problema e como o conteúdo vai ajudar.

- Exemplo de uma companhia bem-sucedida que venceu o mesmo tipo de desafio e usou os mesmos princípios para resolver seus problemas. Essa é uma maneira poderosa de aprender, e que fica na memória.

- Avaliações para que você possa verificar quão importante é esse princípio em seu trabalho. As ferramentas apresentadas na Parte 6 são os princípios-chave e vale a pena lê-los primeiro. Essa seção também lhe permite saber com que frequência um desafio estratégico será usado e quem deve estar envolvido.

- Objetivo – por que você, como líder, precisa levar o tema a sério e o que deve procurar alcançar.

- Contexto – como o tema se encaixa num padrão de liderança mais amplo e com que cenários você vai lidar para alcançar o sucesso.

- Desafio – por que o tema é difícil e valioso. E também estratégias para vencer eficazmente esse desafio.

- Sucesso – o que tem de acontecer para você ser bem-sucedido no desafio.

- Sinais do seu sucesso como estrategista – constatações que lhe permitem avaliar seu progresso.

- *Checklist* do estrategista – um resumo das ações que você tem de realizar para colocar a estratégia em ação.

- Ideias relacionadas – sugestões de outro autor que apoia ou complementa aquela estratégia.

A sexta parte é muito importante: o kit de ferramentas do estrategista. Os modelos de ferramentas de estratégia são explicados em termos muito precisos, práticos e eficientes. Você pode alternar entre o kit de ferramentas e os tópicos de ação. Ou pode ir de tópicos de ação a ferramentas que o ajudarão a organizar seus pensamentos.

Há também uma lista de leitura adicional, se você quiser se aprofundar mais. E, naturalmente, há um índice para você encontrar mais facilmente o tópico que procura.

O que é estratégia?

A estratégia pode moldar o futuro. É por isso que nos interessamos tanto por ela. E essa é a melhor definição de estratégia que posso lhe oferecer. Mas, para um estrategista, ela também pode ajudar a entender o que é e o que não é estratégia. Você não precisa ter um doutorado ou um MBA. Mas é útil estar bem informado sobre isso.

Frequência – Leia primeiro, revise de vez em quando.
Participantes-chave – Primeiro, você. Depois, todos os outros.
Avaliação da Estratégia – Parte 6

O Google tomou a decisão de dar permissão a seus engenheiros para experimentar o que quisessem no tempo livre. Eles usaram esse tempo para produzir um serviço de vídeo on-line. Esse experimento mostrou aos executivos a importância do vídeo on-line, então a compra do YouTube foi uma prioridade quando ele se tornou popular. Como resultado, eles têm dois dos serviços de busca mais populares do mundo. Isso foi estratégia em ação?

Objetivo

Há alguns benefícios em se entender a história da estratégia como ela é normalmente contada em faculdades de negócios e livros de referência. Isso ajuda você a discutir estratégia com conhecimento e ver suas limitações, bem como seu propósito.

Estratégia antiga – A palavra estratégia tem sua origem na palavra grega *strategos*, que significa general ou alguém com um exército (*stratos*) para liderar. Ela foi usada primeiramente em Atenas (508 a.C.) para descrever a arte da liderança empregada pelos dez generais do conselho de guerra. Eles desenvolveram princípios de liderança eficiente e realização de objetivos. Isso incluía abordagens para a guerra e motivação de soldados.

Conceitos semelhantes sobre estratégia surgiram na Ásia, sendo que os mais famosos estão no livro de Sun Tzu, *A arte da guerra* (escrito em 200 a.c.), lido até os dias de hoje. Nesse livro, Sun Tzu lista os diferentes princípios que os líderes podem seguir para vencer e alcançar objetivos. Ele estabeleceu um padrão para livros sobre estratégia que ainda é seguido. Executivos e consultores experientes sempre compartilham suas experiências de planejamento para obter sucesso.

Estratégia corporativa – Esse tipo de estratégia começou a despertar a atenção na década de 1950. Só depois da Segunda Guerra Mundial é que surgiram livros de estratégia para líderes de negócios.

Alfred Chandler foi um historiador que, nos anos 1960, estudou o relacionamento entre estratégia e estrutura organizacional. Concluiu que a estratégia seguida por uma companhia leva a mudanças em sua estrutura. Seu trabalho também mostra que a estratégia não significava um novo conceito no negócio, posto que se baseava no que as empresas já estavam fazendo.

Igor Ansoff foi um gerente e matemático muitas vezes descrito como o pai do Gerenciamento Estratégico. Seu livro, *Estratégia Empresarial*, publicado pela primeira vez em 1965, foi uma tentativa abrangente de explicar como gerentes podiam planejar um futuro de mais sucesso.

Ansoff foi o autor mais proeminente de uma abordagem de estratégia que se tornou obcecada pelo planejamento detalhado. Era um encaixe perfeito para um estilo de gerenciamento todo voltado para o controle. Ele levou a uma visão de que os CEOs podiam trabalhar com equipes de planejamento estratégico para analisar o passado a fim de prever o futuro. Os primeiros computadores foram usados para calcular os números e imprimir os planos que serviriam de base para emitir as ordens endereçadas ao pessoal que estava na gerência média e nas linhas de frente.

Henry Mintzberg era um professor canadense e "do contra" que zombava da obsessão exagerada pelo planejamento. Defendia que somente alguns planos estratégicos chegavam a acontecer da maneira como se esperava que ocorressem. O quadro global, ou estratégia, era decidido por uma corrente de ações individuais. Ele acreditava que a maior parte da estratégia surgia da adaptação. As discussões sobre as abordagens de planejamento e aprendizado persistem até hoje (veja a página 250).

Michael Porter (também um professor) continuou a abordagem matemática da estratégia. Para ele, a estratégia era feita com análises detalhadas e modelos claros. Esses modelos eram projetados para determinar que posição a companhia devia tomar em relação a outros competidores no mercado (veja as páginas 206-9).

Contexto

De algumas maneiras, a história intelectual da estratégia é mais complexa do que minha curta introdução. Mas, por outro lado, é mais simples. Alguns defendem um lado mais criativo e humano, enquanto outros apoiam o aspecto mais analítico da estratégia. Ambos são importantes, então um estrategista sempre tem de perguntar qual equilíbrio entre essas abordagens é mais útil para cada situação em particular.

- O que você está fazendo no momento?
- Como está em comparação a seus concorrentes?
- Onde você quer chegar?
- Como você pode criar algo que as pessoas querem?

As duas primeiras perguntas são analíticas, elas tratam de posicionamento e comparação de desempenho. O segundo conjunto de perguntas é criativo, e fala de desejo e contribuição. Eles são interrelacionados, mas o equilíbrio entre eles varia. O equilíbrio depende de suas preferências e circunstâncias pessoais.

Desafio

Se o mercado é estável e você está feliz com sua situação, então você pode optar por continuar planejando e se adaptando de uma maneira previsível. Mas se o mercado é dinâmico e você quer que sua situação mude, então você pode escolher injetar mais criatividade para melhorar o que oferece e realiza.

Este livro contém ferramentas tanto para a estratégia analítica quanto para a estratégia criativa. Ele também inclui minha opinião segundo a qual a estratégia criativa e dinâmica é a abordagem mais útil para se adotar. As ferramentas analíticas podem ser usadas de maneira criativa para gerar algo valioso e, se você quiser, difícil de ser imitado.

Sucesso

Você saberá que entendeu o princípio quando observar a diferença entre as abordagens criativa e analítica da estratégia. Será capaz de combinar as ferramentas (veja a página 199) e os princípios do livro para pensar como um estrategista a respeito do quadro global e com o que você quer contribuir.

Você pode estudar tudo, desde ideias para realizar uma reunião de estratégia aos motivos pelos quais reagir é mais importante do que planejar e a estratégias específicas que você pode usar ou adaptar. O objetivo é aperfeiçoar sua capacidade de fazer algo compensador, melhor do que meramente manter a vantagem sobre a concorrência.

Sinais do seu sucesso como estrategista

→ As origens básicas da estratégia corporativa moderna são entendidas.

→ A diferença entre estratégia criativa e analítica é reconhecida.

→ Ferramentas e princípios criativos e analíticos são usados juntos.

→ Mercados estáveis e mercados dinâmicos são tratados de maneiras diferentes.

→ Você sabe que estratégia é mais do que derrotar ou copiar seus concorrentes.

Armadilhas

A dependência excessiva em relação a qualquer abordagem específica para a estratégia é perigosa. Você talvez esteja ignorando o quadro global se acredita que pode deixar de lado a análise e a criatividade. Sua empresa pode ter uma abordagem tradicional para a estratégia. Você terá de examinar com cuidado como a abordagem está funcionando e que melhorias podem ser feitas.

Checklist do estrategista

- Considere as diferenças entre estratégia analítica e criativa.

- Sua companhia tem uma abordagem mais analítica ou criativa.

- Explore se a abordagem tradicional é adequada ao ambiente com que você está lidando.

- Continue a se referir à distinção básica conforme você avança ao longo do livro para não esquecer que todas as ferramentas podem ser usadas de ambas as maneiras.

- Apresente para sua equipe tanto a abordagem analítica quanto a criativa. Discuta como elas foram usadas até agora e como vocês podem alterar o equilíbrio no futuro. Inclua a discussão como parte de uma reunião de equipe.

Ideias relacionadas

Richard Whittington defende que "estratégia é difícil". Se estratégia fosse fácil, todas as companhias seriam bem-sucedidas, mas elas não são. A parte importante é aprender como pensar melhor e pensar de maneira diferente. Ele apresenta quatro escolas de estratégia: *Clássica,* que busca maximizar o lucro com processos deliberados; *Evolucionária,* que busca maximizar o lucro com processos emergentes; *Sistemática,* que busca objetivos plurais com processos deliberados; e *Processual,* que tem objetivos plurais com processos emergentes.

parte

um

Seu eu estratégico

Estratégia significa moldar o futuro. Mas mesmo um planejamento engenhoso nem sempre funciona no mundo real. E esse é o motivo de este livro existir: ajudá-lo a descobrir, com o uso da estratégia, o que você pode fazer agora para conseguir mais tarde o que realmente quer. Este livro pode auxiliá-lo a fazer a estratégia funcionar com mais frequência.

Há várias ferramentas e processos de estratégia que podem ajudar, mas o cerne real da estratégia é o estrategista. É o que você sabe, como pensa e como consegue que as pessoas se envolvam o suficiente com o que estão fazendo para atingir suas metas.

Também significa pôr em movimento a sequência de eventos que vai moldar o futuro de uma forma que você gosta. Quanto mais você entende as pessoas que fazem os eventos acontecerem e as ligações entre o que elas fazem e esses eventos, mais inteligente você será.

Você já usou estratégia para conseguir o que tem. Você conquistou um emprego. Ou conseguiu a educação para ter um emprego. Você pode ter economizado dinheiro para uma viagem ou para comprar uma casa. Talvez tenha conquistado seu amor, esposa ou marido.

Você fez algo no passado para tentar conseguir algo melhor no futuro.

Tornar-se um pensador estratégico – um estrategista – tem a ver com ser capaz de moldar eventos de uma forma melhor. No mundo dos negócios, você precisa entender como a estratégia normalmente funciona. Precisa saber como criar a estratégia que convence outros a apoiá-lo (incluindo seu chefe e os acionistas). E como fazer a estratégia proporcionar sucessos no mundo real. Estratégia que realmente funciona.

Não há garantias de que no futuro tudo vai acontecer da maneira como você quer. Apenas redigir um plano não significa que ele vai se realizar. O mundo é mais complexo do que nossa capacidade de planejar, mas isso é parte do que um estrategista eficiente aprende a aceitar. Você vai aprender que reagir e responder a eventos é tão importante quanto planejar.

Algumas escolas de negócios e consultorias vendem a ideia de que a estratégia pode resolver tudo. Para elas, a estratégia se tornou um culto que acredita no poder mágico de alguns poucos modelos. Elas enfraqueceram a ênfase na prática da arte da estratégia e deixaram as pessoas que não têm um MBA a se perguntar se haveria algum espaço para o instinto empreendedor.

Outras se tornaram cínicas em relação à estratégia. Ouvem a palavra e se desligam. Sua expectativa é de que sempre coisas ruins ou entediantes vão sair dos processos de planejamento estratégico. Preveem cortes de empregos ou mudanças absurdas. Ou apenas têm como expectativa uma discussão sem fim, incompreensível no mundo real. E há algo de verdadeiro nessa visão.

Mas nós temos tentado moldar nosso futuro desde que somos humanos. Está na nossa natureza usar a própria experiência para gerar atalhos para um futuro melhor. É disso que trata a estratégia e a maneira como ela pode ser de valor no mundo real.

Para se tornar um estrategista eficiente, você precisa iniciar por si mesmo. Comece por entender como uma coisa leva a outra. Aprenda a lidar com as ferramentas básicas e os modelos de estratégia. Preste mais atenção ao lugar onde você se encontra, no que está acontecendo ao seu redor e em como você pode criar oportunidades para chegar onde quer.

Moldando o futuro

A estratégia pode moldar o futuro. Estratégia corporativa pode moldar o futuro de uma organização. Você usa a estratégia para descobrir como alcançar seu propósito e ambições. Você se move entre o ponto que quer alcançar (fins) e o que precisa fazer para chegar lá (meios). Uma estratégia ótima é a rota mais rápida dos meios para os fins com o objetivo de moldar seu futuro.

Frequência – Cada problema, cada oportunidade!
Participantes-chave – A organização inteira.
Avaliação da estratégia – Parte 6

A Cheesecake Factory se tornou uma corporação bilionária. Sua receita para o sucesso baseia-se em um reduzido número de ingredientes estratégicos. O fundador criou um "conceito único com o menu mais amplo e profundo de restaurante ocasional" e o melhor cheesecake que eles conseguem fazer. São gastos US$ 2.000 apenas no treinamento de cada empregado, para ter a certeza de que ele proporcionará a melhor experiência ao cliente.

Essas são decisões estratégicas. Embora nem todas tenham vindo de planejamento, não são acidentais. Fazem parte de um pacote estratégico. Moldam o ambiente competitivo. Detêm os imitadores. E moldam um futuro desejável e verossímel para investidores, gestores e empregados.

Objetivo

Moldar o futuro de uma organização envolve cada uma das partes e cada pessoa. A estratégia leva em conta coisas dentro e fora da organização que vão fazer diferença para seu sucesso. O estrategista também procura por oportunidades e ameaças ao futuro da organização. Idealmente, estas são exploradas com imaginação, ambição e um entendimento criativo dos clientes, produtos e recursos.

Moldar o futuro exige uma combinação de raciocínio, planejamento e reação a eventos que emergem pelo caminho. Essa combinação proporciona perguntas-chave de estratégia:

- O que queremos fazer?
- O que achamos possível?
- O que precisamos fazer para atingir nossos objetivos?
- Quando devemos reagir a novas oportunidades e adaptar nossos planos?

O que queremos fazer?

Isso estabelece um senso do que é desejável. As organizações costumam ter um propósito geral. Em algumas vezes, o propósito é muito preciso e acertado de maneira deliberada; em outras, o propósito da organização é bastante ambíguo. Pode haver muitas opiniões diferentes sobre a que se destina a organização e sobre o que ela deveria fazer. Essas opiniões podem conflitar e competir umas com as outras. Isso tudo é de interesse para o pensador estratégico.

O que achamos possível?

Esse tema introduz algum senso de praticidade. Você examina as oportunidades no mundo contrastadas com os recursos que a organização tem ou pode obter. Mas examinar oportunidades também pode expandir o senso do que é possível além do que foi feito no passado. O que as realizações de outros e as tendências na tecnologia e nos desejos do consumidor permitem que sua empresa faça a seguir?

O que precisamos fazer para atingir nossos objetivos?

Esse aspecto compreende os movimentos estratégicos necessários para alcançar os objetivos gerais da organização. Inclui o estilo de liderança, bem como as estruturas e processos da organização, e os projetos, tarefas, papéis, produtos e serviços que têm de ser realizados para alcançar aspirações organizacionais. Idealmente, essas ações vão trabalhar juntas de alguma forma, mais ou menos harmoniosa, para que a soma das ações seja maior do que a das partes.

Quando devemos reagir a novas oportunidades e adaptar nossos planos?

Nossas visões de futuro são incompletas. Quando redigimos nossos planos ou decidimos um propósito geral, não sabemos realmente o que vai acontecer em seguida. Vão ocorrer pequenos e grandes eventos que desafiam a estratégia existente. Vão emergir novas oportunidades, maiores, melhores ou simplesmente diferentes daquelas em que pensamos inicialmente.

Contexto

Moldar o futuro depende do contexto. Você não pode controlar as ondas de desejo e empenho humano com estratégia, mas pode criar uma estratégia que surfe essas ondas humanas, favorecendo-as ou se beneficiando delas. Para isso, é preciso que você entenda o contexto ao fazer qualquer tentativa de criar estratégia.

Há provavelmente alguns mercados de baixa competitividade e alta estabilidade, mas é mais seguro pensar que sua estratégia vai enfrentar alta competitividade e baixa estabilidade. Então, este livro vai fazer a mesma suposição e lhe dar conselhos que podem ser eficientes em tal situação.

Cada seção responde a perguntas necessárias para criar uma estratégia que pode ser usada para moldar o futuro. Há aquelas que explicam como criar estratégia, pensar como um estrategista, ganhar com estratégia, fazer sua estratégia funcionar, construir uma organização estratégica e detectar e resolver problemas de sua estratégia sempre que ela parar de funcionar.

Desafio

Muitas organizações ainda colocam em ação planos grandiosos pensando em construir um futuro melhor. Quanto maior a organização, é mais provável que ela tenha uma equipe de planejamento estratégico que produz documentos de estratégia como resultado de uma longa análise financeira.

Esse plano é então distribuído em cascata ou passado para os níveis inferiores da hierarquia até que chega à gerência média, onde ele com frequência desaparece. A linha de frente pode ter de trabalhar em estruturas, processos ou descrições de cargo que foram projetados como parte do plano. Essa abordagem de planejamento, comando e controle costuma levar a uma estratégia desatualizada e a líderes fora de sintonia.

Algumas pessoas defendem que não é nem mesmo possível fazer um planejamento porque os acontecimentos são muito imprevisíveis. Elas afirmam que é melhor somente organizar de maneira tão eficiente quanto possível. Então, você deve apenas esperar que forças de mercado evolucionárias (o que as pessoas querem e o que elas vendem) venham a ser um encaixe natural para o que você está fazendo.

O problema com essa abordagem evolucionária é que ela não lida realmente com o que você *precisa fazer* para tornar mais provável que sua companhia seja um encaixe natural. E é por isso que uma estratégia engenhosa fica em algum lugar entre os extremos. Ela planeja ações deliberadas para moldar o futuro, mas também tenta permanecer próxima de eventos locais e reagir a eles. Dessa maneira, a estratégia é transformada num processo de aprendizado que se torna – no melhor dos casos – mais inteligente por meio da experimentação.

Sucesso

O progresso se dá quando a organização se move em direção a uma estratégia que aprende suas lições e adapta-se a novas oportunidades. Dessa maneira, você pode se beneficiar de um pensamento estratégico que é inteligente em vez de se apoiar em uma estratégia genérica. Assim você terá pessoas mais envolvidas em todos os níveis porque os gestores se tornam interessados no que realmente está acontecendo na linha de frente.

Seus esforços vão usar princípios e ferramentas de estratégia para melhor preparar a organização no sentido de moldar o futuro. Sua estratégia vai produzir uma resposta para ondas externas, necessidades de clientes e ações de concorrentes. Ela vai considerar a natureza do negócio (seu propósito, estilo e produtos) e as maneiras como ele organiza recursos, processos e pessoal interno.

Sinais do seu sucesso como estrategista

→ Entender (e aplicar) as questões principais de estratégia.

→ Usar as diferenças entre planejar, copiar, se adaptar e moldar tratadas ao longo de todo este livro.

→ Considerar uma vasta gama de aspectos internos e externos.

→ Aceitar a necessidade de construir uma organização estratégica para alcançar um propósito compartilhado.

→ Estabelecer uma abordagem flexível e contínua para a estratégia.

Armadilhas

É importante que esforços para introduzir mais estratégia não levem a menos pensamento estratégico (ou a resultados piores). Há muitas pessoas naturalmente estratégicas que enxergam oportunidades, veem novos padrões e ajustam o trabalho da organização para tirar vantagem delas. Também é importante não apenas substituir um conjunto de palavras pelo outro. A ideia do pensamento estratégico é melhorar resultados.

Checklist do estrategista

■ Lembre-se de que o planejamento com o olhar voltado para dentro não é suficiente por causa dos altos níveis de mudança e competição externa.

■ Estude as perguntas de estratégia (veja a página 201) e responda-as tendo em mente seu negócio. Elas fornecem um modelo valioso para desenvolver uma estratégia criativa suficientemente objetiva para todos os tamanhos de negócio.

- Entenda a importância de uma abordagem de aprendizado para a estratégia. Isso significa que o maior número possível de pessoas devem estar engajadas para que possam aperfeiçoar o que fazem visando a atingir o propósito da organização. E que possam transmitir informações valiosas para seus líderes, a fim de adaptar a estratégia oficial.

Ideias relacionadas

Howard Thomas e Taieb Hafsi oferecem uma maneira útil (embora acadêmica) de considerar o que a estratégia é e do que ela trata. Para eles, a estratégia é uma mistura de princípios básicos e métodos criativos. Ela ajuda as pessoas a entenderem e transformarem a realidade. Isso significa que ferramentas de estratégia só são valiosas se permanecerem próximas da realidade. Algumas técnicas são úteis apenas para tomar decisões específicas. As ferramentas mais poderosas ajudam as pessoas a navegarem pelo processo de moldar o futuro. Sem isso, a estratégia é nada.

Pense *antes* de planejar

> Estratégia significa ser mais inteligente do que a concorrência. Trata-se primeiro de visão e depois de planejamento. Por isso, é tão importante que você pense *antes* de planejar. E que pensar seja a prioridade. Estrategistas que não pensam são apenas planejadores.
>
> **Frequência – Antes, durante e depois do planejamento.**
> **Participantes-chave – Todo mundo precisa pensar, mas isso começa com você.**
> **Avaliação da estratégia *******

Mark Zuckerberg, enquanto estudava em Harvard, construiu "por diversão" um site chamado Facemash. Ele o criou num final de semana, sem permissão. O site possibilitava que visitantes escolhessem quem era o mais "atraente" entre as fotos de dois homens ou de duas mulheres. Era cópia de uma ideia já existente, e logo foi fechado. Mark então decidiu construir um melhor e lançou o Facebook de seu quarto na faculdade. Pensar veio primeiro – que site divertido ele *podia* fazer – e depois o planejamento. Mesmo hoje, o Facebook acredita que "pronto é melhor que perfeito". É assim que o pensamento estratégico funciona melhor.

Objetivo

Planejar leva tempo. É um trabalho sério e relativamente sem imaginação (e sem inspiração). Precisa ser assim porque o planejamento visa a organizar a realização do que se pensou. É a parte prática do esforço de organização. Listam-se tarefas, formam-se equipes, criam-se diagramas e checklists complexos.

Mas se você começar o planejamento antes de pensar, pode acabar com a solução errada para o problema certo. Ou talvez a solução certa para o problema errado. Ou a solução menos imaginativa para um problema realmente importante.

Você pode deixar escapar todas as maneiras criativas com as quais teria agarrado as maiores oportunidades. Seu objetivo deve ser assegurar-se de que o pensamento imaginativo, aberto, divertido e apaixonado aconteça antes de o trabalho sério do planejamento começar. Estratégia tem a ver com isso... pensar de maneira estratégica.

Seu objetivo deve ser permanecer tão aberto quanto possível antes de começar o trabalho realista de planejamento. Você vai descobrir que é tão fácil planejar algo incrível quanto algo óbvio.

Contexto

A estratégia deve ser a rota mais curta entre meios e fins. Você pode ter ideias melhores que a concorrência ou – mais interessante ainda – encontrar oportunidades novas e ainda melhores. Oportunidades que a concorrência ainda não encontrou ou não entende porque não teve o mesmo tipo de pensamento que você.

Há sempre maneiras melhores de se fazer algo. Há sempre rotas mais curtas para ir de onde você está para onde você quer estar. Há sempre novos mercados que estão crescendo mais rápido do que seu mercado. Há sempre métodos, relacionamentos e ideias esperando para serem descobertos, e eles só podem ser descobertos se criarmos espaço – folga – para pensar.

Ao longo de todo este livro, há perguntas nas quais você deveria estar pensando. Elas são experimentos mentais que você deve fazer sozinho e também em grupo. Você não precisa testar todos os planos na prática; precisa testá-los em sua mente. Precisa explorar o que é possível para poder ampliar o que é possível. Esse é o valor essencial do pensamento estratégico em comparação com trabalhar muito. Isso exige que você questione o que está sendo feito e o que poderia estar sendo feito.

Desafio

Há muitas razões pelas quais as organizações não pensam antes de planejar. A que costuma ser mais apresentada é provavelmente a falta de tempo. As pessoas dizem que estão tão ocupadas planejando, organizando, fazendo coisas e resolvendo problemas que não têm tempo para pensar. Pensar é um luxo para o qual elas gostariam de ter tempo, mas não têm.

Algumas pessoas acham que pensar é um luxo *desnecessário*. Para indivíduos voltados para a ação, pode parecer óbvio o que eles deveriam estar fazendo. As questões mais importantes são quão eficientemente eles podem organizar seu trabalho e quão eficientemente podem fazer as pessoas realizarem um trabalho.

Experiências com burocracia ineficiente também podem reduzir a paciência das pessoas em relação à tentativa de passar tempo pensando. Para aqueles que preferem realizar coisas, os brainstormings penosos, as reuniões intermináveis e as hierarquias repletas de comitês de coordenação tornam sem atrativo tudo o que diz respeito à estratégia.

Organizações bem-sucedidas procuram ter um equilíbrio saudável entre pensar, planejar e fazer. Elas passam tempo aprendendo com o que fizeram antes e vendo quão longe seus planos levaram em relação aos resultados que pretendiam. Ou apenas exploram o mundo sem planos específicos em mente. Vale a pena fazer algumas perguntas:

- Quanto tempo você investiu em pensar sobre estratégia?

- Quantas opções considerou antes de o plano ser redigido?

- Como ter certeza de que o pensamento por trás do plano seja sempre posto em questão?

- Quanto tempo passou explorando tendências, possibilidades e coisas interessantes? Quanto tempo gastou experimentando ideias, esperanças e sonhos?

Sucesso

Você saberá que está ficando melhor em pensar antes de planejar quando conseguir determinar um tempo para refletir sobre seu calendário corporativo e, igualmente importante, sobre seu quadro pessoal de horários. Esse tempo não precisa ser excessivo, a ideia é encontrar um equilíbrio eficiente, mas isso significa mais do que alguns dias por ano.

Pensar sobre estratégia não é algo apenas para pessoas que gostam de pensar sobre estratégia. Então, o sucesso também será medido pela gama de pessoas que você envolver em pensar e questionar o que vem antes da estratégia.

- A equipe toda está participando de maneira ativa nas sessões de geração de ideias?
- Departamentos e funções diferentes estão incluídos?
- A organização completa está incluída no processo de geração de ideias?
- Pessoas de fora da organização (e clientes) estão incluídos?

Fazer perguntas exigentes sobre resultados e sobre a eficácia de planos vai se tornar uma parte aceitável (até mesmo necessária) de como a organização funciona. As pessoas vão se ver obrigadas a examinar criticamente a lógica de planos a intervalos regulares. Elas vão comparar o que acontece com o que se esperava que acontecesse para que lições possam ser aprendidas. Serão feitas tentativas de aprender tanto com os desapontamentos quanto com os sucessos.

Sinais do seu sucesso como estrategista

→ Você entende o pensamento que levou sua companhia para onde ela está agora.

→ Pensar está incluído no seu processo de estratégia e planejamento.

→ Exercícios de raciocínio diferentes acontecem antes do planejamento e da ação.

➤ Você reconhece o valor de pensar como uma parte distinta do sucesso estratégico.

➤ Sua empresa sabe como desafiar as ideias e ações dela própria.

➤ Você permanece com os problemas (e oportunidades) por tempo suficiente para fazer progressos.

Armadilhas

Dizer às pessoas para pensarem *antes* de planejar pode gerar problemas. Algumas podem concluir que você está tentando reduzir a velocidade de ações significativas. Um risco é que a urgência seja reduzida por aqueles que não querem passar para a ação. Outro é que aqueles que querem ação lutem contra parar para pensar porque acreditam que é um desperdício de tempo. É importante esclarecer os benefícios de pensar *antes* de planejar e reforçar isso em estágios específicos até os processos de ação.

Checklist do estrategista

■ Lembre-se de que a melhor estratégia consiste em pensar sobre novas possibilidades a partir do ponto onde você está atualmente. O planejamento vem em seguida.

■ Melhorar a estratégia significa melhorar sua capacidade de pensar, não só sua inteligência ou seu conhecimento, mas o modo como você pensa.

■ Estabeleça tempo para pensar em sua agenda. E inclua tempo para pensar na agenda de sua equipe, departamento ou organização. Em especial, antes de novos planejamentos.

■ Evite ter apenas um plano (ou conjunto de opções) para seguir. Tente vários cursos de ação diferentes. Faça experiências usando a imaginação para ver que vantagens cada rota oferece lá na frente.

■ Traga pessoas de fora para desafiar (e examinar) suas ideias.

É importante que elas não simplesmente concordem com o que você planejou. As ideias e suposições que entraram nos seus planos são assim testadas de novo antes dos meses de ações que virão a seguir.

Ideias relacionadas

As ideias de Chris Argyris são úteis aqui. O planejamento estratégico é como um aprendizado de ciclo único; você faz algo, espera até ter terminado, então descobre o que funcionou e o que não funcionou. O pensamento estratégico é como o aprendizado de ciclo duplo; você reflete sobre o que pode acontecer e sobre o que está acontecendo, e usa a imaginação para aprender lições enquanto ainda há tempo para mudança (veja a página 248).

Tornando-se um pensador estratégico

Tornar-se um pensador estratégico significa abrir a mente para novas possibilidades. Trata-se de enxergar uma realidade mais ampla. De entender as várias partes do seu negócio, desmontá-las, então montá-las de novo de maneira mais poderosa. Tem a ver com insight, invenção, emoção e imaginação concentrados em reformar uma parte do mundo.

Frequência – Cada problema, cada oportunidade!
Participantes-chave – Você.
Avaliação da estratégia ***

Simon Cowell era apenas um executivo de música mais ou menos bem-sucedido quando foi escolhido para ser juiz na competição *Pop Idol*, do Reino Unido. Ele era bom em julgar, mas se mantinha aberto a novas possibilidades. Entendeu que a oportunidade era bem maior do que ser uma celebridade. Ele executou uma série de ações ambiciosas e criativas. A série de TV *X Factor* substituiu o formato original. Ele fez de *American Idol* a maior série de TV dos EUA. Trouxe celebridades convidadas para emprestar credibilidade aos vencedores. Produziu eventos para juntar dinheiro para instituições de caridade tendo o presidente dos EUA como convidado especial. O pensamento estratégico transformou sua posição de juiz de programa de talentos na de chefe de um império bilionário.

Objetivo

É possível ser um pensador estratégico sem usar nenhuma ferramenta de estratégia, mas não é possível criar uma estratégia brilhante sem ser um pensador estratégico. Há uma diferença importante entre criar documentos de estratégia e criar estratégia que o leva para onde você quer estar. Há também uma diferença valiosa entre pensamento gerencial e pensamento estratégico.

Os líderes com frequência dizem que querem pensamento estratégico. Eles desejam estar preparados e acreditam que o pensamento estratégico vai ajudá-los a se preparar. Eles querem mais a partir de menos, e dependem do pensamento estratégico para realizar isso. Buscam ter a seu redor pessoas que enxerguem o quadro global. Anseiam por soluções inteligentes para problemas complicados. E querem ir além do óbvio e pensar melhor que a concorrência.

Pensadores estratégicos fazem diferentes tipos de pergunta e examinam velhos (e novos) problemas com novos olhos. Eles enxergam o que outras pessoas deixam passar... quer seja um detalhe aparentemente sem importância, quer seja alguma tendência de longuíssimo prazo como parte de um quadro global bem maior. Parte de seu valor é que eles fazem perguntas criativas e sob medida para a situação em particular. Este livro é cheio de perguntas para lhe fornecer mais opções quando você formular suas próprias perguntas estratégicas, mas as perguntas mais importantes para se continuar perguntando são "por que?" e "por que não?".

- Por que não mudar as regras?

- Por que fazemos o que estamos fazendo?

- Por que ficamos felizes (ou não) com o status quo?

- Por que não fazer algo (completamente) diferente?

- Por que nosso plano vai funcionar (ou falhar)?

É melhor se concentrar em perguntas que abrem o pensamento em vez de chegar de maneira prematura a níveis de detalhe operacional inúteis. O pensador estratégico é capaz de abrir o pensamento (criando várias possibilidades) e então gerar visões claras e atraentes para moldar o futuro de maneiras desejáveis.

Contexto

As organizações costumam ser cheias de pessoas presas por uma série de restrições. Sua visão do mundo é limitada por descrições de cargo, responsabilidades departamentais e processos corporativos. Além disso, seu foco costuma estar nas exigências de curto prazo das estruturas de prestação de contas e gerenciamento de desempenho.

Pessoas diferentes são naturalmente interessadas em aspectos diferentes do quadro global. Algumas se concentram em aspectos práticos do que acontece em seguida, outras querem entender os fatos e números para apoiar uma nova direção. Algumas estão preocupadas com o impacto nas pessoas (a equipe), enquanto outras querem fazer algo novo e incrível, independentemente de ser ou não realista ou prático.

O pensador estratégico se interessa por todos os aspectos dessas preocupações, mas é capaz de fazer um tipo de ginástica mental. É capaz de ligar ideias de diferentes áreas de especialistas e destacar oportunidades em meio a contradições, tensão e paradoxos. Ele é capaz de visualizar como as coisas podem se encaixar melhor.

Desafio

Em tempos de estabilidade ou de crescimento claro, os pensadores estratégicos ousados podem ser pouco apreciados. Eles querem fazer grandes coisas e, quando são contidos, desistem ou partem para outra. Em tempos de incerteza, ou quando o crescimento fica difícil, a organização precisa urgentemente de pensadores estratégicos, mas pode descobrir que não tem pessoas desse tipo em cargos de influência. Também pode constatar que não está acostumada a ouvi-los (ou a participar de uma conversa estratégica) de maneira que precisam aprender novos hábitos de pensamento estratégico.

Outro desafio é que há muito pouco desenvolvimento formal de pensamento estratégico que inclua o tipo de ecletismo criativo e obsessivo necessário. Parte do motivo é que simplesmente não é fácil de desenvolver. Se você quer uma mente brilhante, inspirada, inovadora e não convencional, você não pode ter um treinamento entediante, sem criatividade, baseado em fórmulas, do tipo "assinale a alternativa correta".

A boa notícia é que a maioria das pessoas quer ser criativa e deseja melhorar seu futuro. Há muitas fontes de inspiração para o pensamento estratégico – o que as pessoas odeiam, o que elas amam, o que as frustra, o que as cativa – e o pensamento estratégico pode transformar emoções desconexas, desejo e esforço em algo que oferece direção e propósito.

Sucesso

Você sabe que está ficando melhor em pensamento estratégico quando sua primeira resposta para uma situação é fazer perguntas abertas. Você vai tentar desmontar coisas que parecem fechadas e montá-las de novo. Vai se tornar mais brincalhão e criativo diante das combinações que experimenta. Vai procurar opiniões mais variadas, ecléticas e diversas em seu processo de raciocínio.

- Como sua indústria (ou setor) funciona?

- Como o sucesso soa para sua organização?

- O que seria preciso para você fazer dez vezes melhor?

- Qual é a questão (básica) mais importante que você enfrenta?

- O que você faria se não tivesse limitações?

- Quantas dessas limitações são reais?

- O que as pessoas mais velhas, as mais jovens, as mais ricas e as mais pobres estão fazendo?

Como líder, você vai se tornar menos interessado em conformidade porque sabe que esta tem um valor limitado. Você vai se tornar impaciente com as estratégias e planos imitadores do tipo "eu também". Vai querer a "próxima grande coisa". E vai investir em pessoas e em trabalho que sejam ambiciosos e ousados. Quase sempre, não é mais difícil crescer do que encolher como organização, e você vai escolher o crescimento.

Sinais do seu sucesso como estrategista

→ Enxergar além do óbvio para divisar novas possibilidades no quadro global.

→ Entender como desmontar uma situação em peças menores.

→ Saber como brincar com as partes individuais e reorganizá-las.

→ Estar ciente das ferramentas e princípios de estratégia mais importantes.

→ Ganhar a habilidade de criar visões e metas além do curto prazo.

→ Ser reconhecido pelas pessoas que o rodeiam como um pensador estratégico.

Armadilhas

Não importa qual seja seu cargo, num ambiente corporativo você precisará ter uma estratégia para vender sua habilidade como pensador estratégico. Vai querer que as pessoas reconheçam e entendam sua habilidade. É fácil irritar ou frustrar outras pessoas se você se proclama um pensador estratégico, é melhor desenvolver suas habilidades (e reputação) aplicando-as primeiro em seu trabalho, para depois compartilhar com os outros o conhecimento conquistado com esforço.

Checklist do estrategista

■ Torne-se habilidoso em usar perguntas para guiar seu pensamento estratégico. Use "por que?" e "por que não?" como um ponto de partida, junto com outras perguntas deste livro e novas perguntas imaginativas que você venha a criar para descobrir oportunidades em sua situação específica.

■ Entenda a diferença entre planejamento estratégico e pensamento estratégico (veja a seção anterior) para continuar exigindo essa poderosa combinação de praticidade e intuição.

■ Ultrapasse a condição de desmontar um problema para melhor compreendê-lo; em vez disso, monte uma resposta estratégica para o problema que crie novas possibilidades.

- Torne-se disposto a usar várias ferramentas e princípios mostrados neste livro. Eles foram selecionados para desenvolver o pensamento estratégico e encorajar seu uso de maneiras criativas, ousadas e flexíveis, que sejam inspiradoras.

Ideias relacionadas

Kenichi Ohmae, em seu livro clássico *O estrategista em ação*, defende que os gestores costumam se concentrar demais em derrotar (ou em copiar) concorrentes. A mente aberta do pensador estratégico pode escolher procurar novas e ambiciosas maneiras de criar riqueza que se concentrem nas necessidades (não realizadas) dos clientes e nos pontos fortes de sua organização.

Vendendo sua estratégia

A estratégia corporativa só é útil se você conseguir engajar todas as pessoas no sentido de fazê-la funcionar. Você tem de explicar suas ideias estratégicas para a equipe de liderança a fim de conseguir seu apoio e depois comunicar-se com pessoas de todos os níveis e envolvê-las. Vender é com frequência a parte esquecida do processo de estratégia – a parte que convence as pessoas de que a estratégia é uma forma confiável e compensadora de moldar o futuro.

Frequência – No início, e então regularmente.
Participantes-chave – Equipe de liderança
e depois todos os outros.
Avaliação de estratégia ★★★★

A Microsoft tomou a decisão de gastar bilhões para entrar no mercado de aparelhos de videogame. Isso só aconteceu depois de um pequeno grupo apresentar de maneira bem-sucedida uma estratégia para o conselho da empresa, e o conselho só ouviu porque seus membros estavam com medo da Sony. A estratégia parecia a melhor maneira de diminuir a velocidade da concorrência, e as pessoas da equipe eram a mistura certa de credibilidade e desafio para ser apoiada pelo conselho.

Objetivo

Para fazer com que a companhia siga sua estratégia, você terá de conseguir que a equipe de liderança a apoie. Se, em vez de começar com o primeiro escalão, você quer apresentar uma ideia diretamente, simplesmente faça uma campanha por ela.

Felizmente, você pode desenvolver sua estratégia ao mesmo tempo em que faz as pessoas aderirem a ela e assim ela vai ganhar mais impulso. Melhor tratar ideias estratégicas como parte de uma conversa se de fato quiser mudar a direção de sua organização. A mesma abordagem vai ajudá-lo se você apenas quiser moldar seu futuro e ser aceito como um pensador estratégico. Você precisa ser capaz de vender sua estratégia.

Nem toda estratégia precisa de bilhões em investimento, mas precisa do apoio de um grupo maior do que a pessoa que teve a ideia. Quando chegar o momento, você provavelmente precisará do aval da alta gerência, e com certeza precisa do apoio de várias pessoas dentro (e fora) da companhia se quer que sua estratégia funcione. Quando chegar o momento, a estratégia precisa envolver ação.

Contexto

Primeiro, considere do que sua estratégia precisa para funcionar. Então, volte até o ponto onde está para descobrir como conseguir o que precisa. Repasse a lógica de sua estratégia para as outras pessoas. Use as ferramentas e técnicas mostradas neste livro para construir uma estratégia que possa tirar vantagem das oportunidades e lidar com ameaças possíveis de vários tipos.

Segundo, pense bem no motivo pelo qual sua companhia deveria se importar com sua estratégia. Especificamente, encontre problemas que o conselho quer que sejam resolvidos. Do que a gerência sênior tem medo? Do que eles estão falando? Que problemas sua estratégia resolve? Que problemas sua estratégia resolve que sua equipe de liderança consegue entender? Que tipo de estratégia eles estão prontos para comprar?

Se sua estratégia precisa de apoio fora do seu controle, então você tem de levar o processo de venda ainda mais a sério. Muitas pessoas talentosas com ideias poderosas que poderiam ter ajudado uma organização não sabem como vender essas ideias. Então, você precisa se tornar melhor em vender ideias ou encontrar alguém que possa vendê-las por você.

■ Qual é o processo de planejamento estratégico formal na sua organização?

- Como fazer para que suas ideias (e ideias estratégicas) obtenham apoio e financiamento?
- Como é o processo de tomada de decisão informal?
- O que é o processo de tomada de decisão informal?
- Quem são os influenciadores estratégicos em sua organização?
- Qual é a melhor hora para vender ideias estratégicas?

As respostas a essas perguntas serão diferentes em cada organização. Parte de se tornar um pensador estratégico confiável é aprender abordagens eficientes para vender ideias para cada situação. Em geral, uma mistura de influência formal e informal é necessária, bem como uma mistura de paixão, lógica, criatividade e detalhes financeiros para conquistar apoio para suas necessidades estratégicas.

Desafio

Os detalhes de vender uma estratégia dependem de onde você trabalha e onde se encaixa na hierarquia. Há uma grande diferença nos níveis de formalidade e de processo em lugares diversos. Há também uma diferença em como você consegue ser notado se está na base, no meio ou no topo da organização.

Algumas das suas escolhas dependem daquilo em que você quer concentrar o pensamento estratégico. Há motivos muito bons para começar com uma estratégia que vá ajudar seu trabalho e sua equipe. É uma boa maneira de desenvolver as habilidades de que você precisa e seu conhecimento funcional das ferramentas que podem ajudá-lo. Também é uma maneira eficiente de desenvolver credibilidade antes de pedir a pessoas que invistam em ideias maiores capazes de afetar a companhia toda.

Pode haver exceções. Uma equipe de liderança esclarecida pode acreditar que a estratégia deve incluir ideias e a participação de todo mundo. Descubra se isso é verdade em princípio e teste na prática com sugestões menores para ver o que acontece. Procure saber se alguém influenciou de maneira bem-sucedida a direção da companhia partindo de fora dos níveis da alta gerência.

Você pode achar que suas ideias são urgentes demais para esperar. Talvez você esteja tão pessoalmente apaixonado por suas ideias estratégicas a ponto de se dispor a adotá-las numa abordagem do tipo "tudo ou nada". Você está tão convencido de suas ideias que será capaz de decidir colocá-las em prática imediatamente. Você pode sentir que a situação que está sendo enfrentada pela companhia é tão desesperadora que se chegou a um ponto de "agora ou nunca".

E pode aparecer uma oportunidade tão boa de apresentar a estratégia que seja impossível de ignorar. Reagir a oportunidades é importante para a estratégia no mundo real, então vá em frente. Apenas reserve um tempo agora para analisar suas opções.

Sucesso

Você saberá que está ficando melhor em vender (ou apresentar) estratégias quando os gestores começarem a vir consultá-lo nas ocasiões em que houver um pensamento estratégico a ser feito. E você vai realmente saber que está ficando bom quando for capaz de moldar estratégias na sua organização. No futuro, suas habilidades para influenciar vão ajudá-lo a conquistar o interesse de pessoas em todos os níveis, dentro e fora da organização.

Suas ideias estratégicas serão mostradas com opções, de maneira que as pessoas possam escolher entre elas. Você será capaz de lançar ideias bem claras para ser entendidas, mas flexíveis, para que as pessoas possam contribuir com elas. Você será capaz de ilustrar com histórias para despertar emoções, ao mesmo tempo que usa números para tornar suas ideias concretas e confiáveis.

| Sinais do seu sucesso como estrategista |

➤ Você sabe como a estratégia é criada e colocada em prática em sua organização.

➤ Você está aprimorando suas habilidades de se apresentar e de influenciar os outros.

➤ Você tem sua própria opinião sobre estratégias existentes e futuras.

➤ Outras pessoas o convidam a compartilhar sua opinião e dar uma contribuição.

Armadilhas

Ninguém gosta de se sentir manipulado, então tome cuidado com o uso grosseiro de técnicas de influência. Além disso, ninguém gosta de um sabe-tudo, então, ouça mais conforme aprende a ser parte da conversa estratégica. Lembre que há jogos ocultos sendo jogados. Alguns são apenas maneiras normais que os seres humanos têm de tomar decisões, enquanto outros estão sendo jogado para impedir que qualquer coisa nova aconteça... estes protegem o status quo de pessoas que, como você, querem fazer mudanças.

Checklist do estrategista

■ Pesquise para ter uma ideia melhor de como a estratégia é desenvolvida em sua organização. Descubra se é informal ou formal, vinda do topo ou de baixo.

■ Leia a estratégia existente se ela estiver disponível. Leia o relatório anual.

■ Entenda a posição estratégica de sua organização usando as ferramentas mostradas neste livro.

■ Procure oportunidades para se envolver com qualquer trabalho que tenha a ver com o quadro global ou com moldar o futuro.

- Contribua de maneira eficaz e sua credibilidade como pensador estratégico vai aumentar. Use sua influência para se juntar à conversa estratégica.

- Torne-se melhor em influenciar pessoas e vender ideias. Estude livros específicos sobre o tema.

- Desenvolva uma comunidade de pessoas com interesse em moldar o futuro da empresa.

Ideias relacionadas

O aspecto prático de vender (e influenciar) estratégia é negligenciado na maioria dos livros sobre o tema, mas há bons (embora dramáticos) exemplos no livro *Liderando a revolução*, de Gary Hamel. Também recomendados são *As armas da persuasão*, de Robert Cialdini, e *Ideias que colam*, dos irmãos Heath (Chip e Dan). O ponto importante é que a estratégia precisa ser vendida ativamente como parte de uma conversa ou você nunca vai conquistar apoio suficiente para influenciar as ações da organização.

parte

dois

Pensando como estrategista

Pensar como estrategista é enxergar possibilidades que podem ser moldadas em situações que são desejáveis. Você tem de ser capaz de perceber o que está acontecendo ao seu redor. Tem de ser capaz de notar tendências históricas que abrem novas oportunidades e precisa ser capaz de jogar um tipo de xadrez multidimensional, imaginando vários movimentos à frente do seu próximo movimento.

Eventos no mundo real têm muitas causas. Eles possuem tantas causas ligadas de maneiras tão esquisitas e tão incríveis que as pessoas descrevem o mundo como complexo e caótico. Existe tanta incerteza, elas dizem, que não há por que fazer planos ou tentar prever muito além do dia de hoje.

Estrategistas habilidosos aceitam que o mundo é complexo e ainda descobrem o que fazer agora para moldar eventos. Eles não fingem ter respostas para tudo (a não ser que fingir seja útil para sua estratégia), eles apenas procuram padrões e então projetam agora, de maneira criativa, ações para moldar o futuro mais tarde.

Parte desse processo criativo é instintivo. É subconsciente, utilizando a habilidade natural de vermos e interpretarmos padrões. No entanto, é também possível melhorar o instinto e desenvolver o talento natural. Você pode se tornar melhor em perceber essas coisas. Pode ter insights que levam a novas oportunidades. E pode se tornar muito melhor na tarefa de reunir uma equipe para criar ideias e fazê-las acontecerem.

Todas as páginas deste livro são sobre pensar e agir como um estrategista. Os próximos subtópicos tratam de aspectos específicos dessa capacidade de pensamento estratégico. Você vai aprender que reagir é tão importante quanto lembrar. Vai ter insights sobre o valor de assumir riscos que reduzem o vão da incerteza. Começará a olhar sobre o ombro e tentar descobrir onde a grama é mais verde.

O kit de ferramentas (página 199) foi especialmente projetado para ajudá-lo a pensar como um estrategista. Cada ferramenta pode ser usada de uma maneira mais criativa ou menos criativa, à medida que você desenvolver suas habilidades de pensamento estratégico. Mesmo a mais conhecida das ferramentas, a SWOT (página 204), por exemplo, pode ser usada para se ter insights notáveis e encontrar fontes de valor novo que sua organização possa produzir.

Dê uma olhada nas 5 forças de Porter (página 206) e pense de verdade sobre o que elas significam para sua companhia. Examine a dinâmica de estratégia de Burgelman (página 210) para ver como o mercado e a companhia se encaixam no *continuum* de manutenção de regras e mudança de regras. Experimente o modelo da estratégia da complexidade de Stacey (página 256) para descobrir se sua companhia se dirige para o caos ou está presa na complacência.

Examine as distinções de Mintzberg entre estratégia emergente, planejada e realizada (página 250). O estrategista habilidoso sabe que a estratégia é bem mais do que o plano. Você vai reconhecer o quadro geral e então começar a ser capaz de moldar situações por meio de ações. Vai começar a pensar como um estrategista. E isso tem poder.

Reagir é tão importante quanto planejar

Ter uma estratégia bem-sucedida muitas vezes é resultado da reação a eventos. O planejamento só pode levá-lo até um ponto porque você não sabe o que vai acontecer no futuro... só pode supor. O estrategista esperto permite que a estratégia seja moldada por eventos. Boas reações podem gerar ótima estratégia.

Frequência – Cada problema, cada oportunidade!
Participante-chave – Primeiro, você. Depois, todos.
Avaliação de estratégia – Parte 6

O jovem Ingvar Kamprad usou o dinheiro que ganhou inesperadamente do pai – um presente pelas boas notas que tirou nas provas – para fundar a Ikea. Ele vivia perto de fabricantes de mobília, então reagiu vendendo mobília. Ele reagiu a um boicote dos concorrentes locais produzindo sua própria mobília. Seu primeiro designer reagiu à situação de não ser capaz de enfiar uma mesa num carro criando a primeira mesa pronta para montagem. Ele reagiu ao fato de seu salão de exposição ter pegado fogo construindo um substituto gigantesco. Ele reagiu à demanda excessiva dos clientes adotando o self-service. A estratégia da Ikea veio de reações inteligentes a grandes oportunidades não planejadas.

Objetivo

Oportunidades não planejadas podem ser sua melhor chance de criar uma ótima estratégia, então você precisa buscá-las constantemente. As evidências apoiam a ideia de que os empreendedores e líderes mais bem-sucedidos são fantásticos em perceber oportunidades. E as maiores oportunidades decorrem de reações a eventos não planejados.

Então, pergunte a si mesmo:

- Esse problema nos permite começar de novo e fazer melhor?

- O que podemos fazer hoje que era impossível ontem?

- Nosso planejamento ainda está funcionando? Como podemos tirar vantagem dos eventos?

Qualquer tolo pode produzir um plano. A genialidade está em ver como os eventos abrem novas possibilidades para o plano velho. Ou mesmo divisar planos inteiramente novos que não eram possíveis quando o plano velho foi redigido. O planejador está continuamente examinando eventos em busca de evidências de quão bem o plano vem funcionando. Ele quer ver novas oportunidades para alcançar seus objetivos. Ou novos objetivos que eram antes impossíveis.

Contexto

A maioria das corporações tem um ciclo de planejamento anual. Elas passam algum tempo (em geral não o suficiente) pensando sobre o que querem realizar. Elas produzem um documento que lista uma série de objetivos, prioridades e até tarefas. No momento em que o plano é impresso, ele é visto como completo.

Algumas pessoas seguem o plano. Elas fingem que ele é perfeito (ou acreditam nisso). Alguns gestores insistem em que o plano seja seguido por uma questão de princípio. O plano exige uma resposta de executivos seniores, da alta gerência, de gestores e profissionais. Cada nível da hierarquia produz sua própria visão do plano-mestre – algumas vezes, o processo leva quase um ano para se disseminar pela hierarquia. Então, vale a pena fazer algumas perguntas:

- O que acontece quando as suposições do planejamento estão erradas?

- Como os funcionários desafiam essas suposições?

- Quando o planejamento estiver completo, o plano estará defasado?

Outras pessoas ignoram o plano. Elas não o leem. E certamente não acham que ele tem coisa alguma a ver com o dia a dia do seu trabalho. Elas podem reagir a eventos, mas a maneira como reagem raramente muda. Elas entendem as limitações dos planos – as contradições, a ignorância e a falta de detalhes específicos, mas não entendem o poder de planos para moldar respostas aos eventos.

O perigo é que seguir o plano de maneira tão servil (sem responder aos eventos) pode orientar a empresa numa direção errada. O plano certo pode se converter em algo errado devido à força dos eventos. O perigo de não seguir nenhum plano é que as ações ficam fora de sincronia umas com as outras, o que pode travar qualquer plano que esteja funcionando ou impedir uma melhora no impacto que decorre de todos trabalharem juntos.

Desafio

É difícil para algumas pessoas aceitarem que reagir (não só planejar) é uma coisa boa. Os gestores foram ensinados a valorizar o ato de serem (ou parecerem!) organizados. Eles aprenderam que ser "proativo" é o que o mundo dos negócios quer. Foi-lhes dito que ser reativo é uma coisa ruim. É bom planejar, mas é ruim pensar que tudo tem de ser planejado. Você precisa de uma mente alerta para reconhecer oportunidades não planejadas.

A boa notícia é que discutir abertamente os benefícios de reagir e os limites do planejamento é saudável para os negócios. Há algo para todos nessa ideia. Ela pode juntar os que acreditam que todos os planos funcionam e os que acreditam que o dia a dia é tudo o que importa. Ambos estão certos. E errados.

Outro desafio prático é abrir espaço para ambos os tipos de estratégia nas maneiras formais em que sua equipe ou empresa está organizada. A estratégia é mais eficiente se adaptada para todo o ano. Parte disso é um ajuste na forma como ela é executada; gestores individuais e colegas podem descobrir como reagir a circunstâncias a fim de pôr em prática o plano oficial. Mas algumas mudanças nos objetivos, nos planos e na direção se beneficiam quando são levadas de volta para a estratégia formal. É uma maneira de reconhecer que a estratégia mudou. É um método para encorajar o esforço de se concentrar em novas oportunidades. Isso pode reduzir o impacto negativo de abordagens alternativas demais e é bem mais eficiente do que apenas planejar, fechar os olhos e esperar pelos resultados no final do ano!

Sucesso

Você sabe que está ficando melhor em reagir (e não apenas planejar) quando descobre que algumas das maiores realizações do ano passado não faziam parte do plano no início do período.

Sua abordagem para o planejamento será mais fluida. Você vai incluir opções para seguir em outras direções se as circunstâncias mudarem. Vai examinar cenários "e se?" enquanto planeja. Vai se tornar esperto e rápido o suficiente para reconhecer uma nova oportunidade fantástica (ou um nova ameaça terrível) enquanto há tempo para reagir de maneira inteligente, e saber como usá-las para melhor alcançar suas metas.

Você vai tornar o "combate a incêndios" parte de sua estratégia e vai incluir mais coisas vindas de pessoas acostumadas a reagir diariamente. Os gestores médios, os supervisores e os que trabalham na linha de frente – todos eles podem ajudá-lo a reconhecer a necessidade de reações engenhosas diante de eventos e circunstâncias do mundo real.

Sinais do seu sucesso como estrategista

- Você tem uma maneira de reconhecer novas oportunidades não planejadas.
- Você revisa reações a problemas para ver se elas deveriam mudar a estratégia.
- Todo mundo no negócio pode compartilhar reações e problemas com o chefe.
- Sua estratégia é revista e desafiada com mais frequência do que uma vez por ano!
- Os tempos de reação (ou de resposta) são melhorados de maneira ativa.

Armadilhas

Reações a situações podem ser contraproducentes; ações não planejadas podem trabalhar contra a estratégia. As pessoas podem tomar decisões improvisadas que fazem sentido para elas, mas não para o quadro global, ou ações não planejadas podem fazer sentido individualmente, mas não juntas. A questão aqui é não encorajar o caos. Em vez disso, procure canalizar iniciativa e criatividade.

Checklist do estrategista

- Liste coisas que deram errado ou problemas com que você se defrontou. Considere como esses problemas afetam a estratégia e as ações para respaldá-la.

- Explore reações aos problemas. Descubra se essas soluções improvisadas podem melhorar a estratégia.

- Use abordagens de planejamento de cenários para examinar possíveis momentos decisivos no futuro. Isso vai ajudá-lo a reconhecer oportunidades diante das quais deve reagir.

- Fale com as pessoas! Com seu chefe. Com seus iguais. Colegas de todos os níveis. Em especial, o escalão médio e a linha de frente. Eles sabem o que está funcionando e o que está falhando e podem lhe contar isso enquanto há tempo de reagir.

- Reserve um tempo para explicar a todos qual é o papel deles na estratégia. É a melhor maneira de garantir que reações individuais apoiem o que você está tentando alcançar.

Ideias relacionadas

Henry Mintzberg defende que há vários tipos de estratégia. Estratégia Planejada – o que você decide fazer; Estratégia Realizada – planos que acontecem da maneira como você espera; e Estratégia Emergente – o padrão não planejado de ações que ocorrem com o tempo (veja a página 250).

Assumindo riscos (pule os vãos da incerteza)

Todas as decisões são sobre o futuro. Já que o futuro é incerto, todas as suas decisões vão ter um resultado incerto. Mas como você está tentando moldar o futuro, precisa tomar decisões. Primeiro, é preciso avaliar os níveis de incerteza; e depois tomar decisões que possam lhe dar a melhor chance de ser bem-sucedido, apesar da incerteza.

Frequência – Quando a indecisão atrapalha.
Participantes-chave – Você e a equipe.
Avaliação da estratégia **

A Nokia tomou uma decisão de risco ao contratar um novo CEO que veio da Microsoft, empresa que nunca obteve muito sucesso no mercado de celulares. Esse profissional decidiu empenhar o futuro da companhia em um novo software da Microsoft. Ele reduziu a incerteza do plano para funcionários e parceiros tomando uma decisão firme. Julgou que o risco de não fazer nada era pior que o de fazer alguma coisa e criou confiança por meio de estratégia..

Objetivo

A incerteza só é reduzida por decisões e ações comprometidas. Você não pode esperar que a incerteza desapareça, mas pode criar uma certeza de propósito e direção. Você não pode eliminar o risco, mas pode criar uma cultura e processos que se adaptem a problemas inesperados.

- Quão altos são os níveis de incerteza na sua indústria?
- Que incerteza rodeia uma decisão específica?
- Quais são os riscos de tomar (ou não tomar) certas decisões?

- Como as coisas podem dar errado? O que você faria em seguida?

As pessoas pensam de maneiras diferentes sobre risco e incerteza. Os gestores costumam fazer menos apostas do que os empreendedores por causa das diferenças de como eles veem os benefícios relativos de ganhar ou perder. Grupos pequenos costumam fazer apostas maiores do que indivíduos porque podem compartilhar os benefícios ao mesmo tempo que dividem a culpa, mas grupos grandes conseguem evitar riscos porque ficam presos nas maneiras habituais e tradicionais de fazer negócios.

Evitar riscos não é o principal objetivo de um negócio. O objetivo de um negócio é aceitar riscos e se beneficiar com os lucros maiores de assumir esses riscos. É por isso que a abordagem empreendedora de fazer investimentos é atraente para estratégias de crescimento. E é por isso que as grandes organizações tentam recapturar a disposição de assumir riscos dos grupos pequenos. Elas entendem que não fazer nada é com frequência tão arriscado quanto fazer algo.

Contexto

Alguns riscos veem de fora da organização, mas a maioria deles está na capacidade da organização de completar seu plano. A parte arriscada é adaptar-se de maneira bem-sucedida às necessidades e exigências do mercado. O risco está em lidar com as ações dos concorrentes, ao mesmo tempo que se consegue entregar produtos e serviços que os clientes vão comprar. E manter os acionistas satisfeitos.

A estratégia envolve o cumprimento de metas e o risco é a diferença entre essas metas e a capacidade da organização de alcançá-las. Então, parte do risco é *criada* pela estratégia. Isso diz respeito à sua capacidade de pensar sobre a maneira como as várias partes do plano se encaixam com o que sua empresa pode fazer.

- Que riscos estão fora do seu controle direto?

- Que riscos estão dentro do seu controle direto?

- Como você pode lidar com as mudanças que estão fora do seu controle?

- Como você pode antecipar mudanças externas?

Sua tarefa como estrategista é reconhecer os custos e os benefícios dos riscos. Os benefícios são tão importantes quanto os custos. Sua estratégia terá resultados incertos, mas você pode tentar avaliar as recompensas e como conquistá-las.

A próxima tarefa é comparar o que você quer realizar com as capacidades e recursos disponíveis. Algumas dessas serão dinheiro e equipamento, mas a maioria delas serão as habilidades, o comprometimento, os processos e a cultura de sua empresa. Parte disso tem a ver com a capacidade de fazer o que é necessário e outra parte refere-se à disposição da organização de levar a efeito uma ação com resultado incerto.

Desafio

O primeiro desafio é examinar com clareza as diferentes fontes de risco. Como já discutimos, algumas estão dentro e outras estão fora da organização.

Fora da organização	Dentro da organização
Seu mercado é complexo ou simples?	Quão exigentes são as aspirações?
As regras do mercado são estáveis, dinâmicas ou caóticas?	Os níveis de desempenho são altos?
Os recursos são escassos ou abundantes?	Há uma disparidade entre desempenho/aspiração?
O mercado está crescendo ou encolhendo? Como a economia geral está indo?	A alta gerência é semelhante?
Há choques além do seu mercado?	A alta gerência tem investimento no negócio?
	Quantos recursos estão sobrando?
	Que habilidades a organização tem?

Se a disparidade entre as aspirações e o nível de desempenho é grande, o risco de não ser bem-sucedido aumenta. Se a alta gerência é muito semelhante, eles podem evitar riscos porque estão confortáveis com o status quo. Existe ainda outra semelhança que pode aumentar igualmente a disposição de assumir riscos se eles se sentirem confiantes demais na sua própria visão de mundo. Isso não chega a ser definitivamente bom ou ruim, depende das necessidades da situação. Você apenas deve estar ciente da dinâmica da equipe em relação à incerteza para poder responder a ela de uma maneira útil a seus objetivos.

Se as habilidades são altas o suficiente, então a disparidade de capacidade é reduzida. Isso pode diminuir o risco por meio do aumento do desempenho, mas também aumentar as aspirações, levando-as a níveis inatingíveis. Tudo isso vai afetar o risco inerente à estratégia. É a disparidade entre a aspiração e a habilidade, que, em última instância, constitui a fonte do risco.

Há vários métodos que as organizações usam para analisar riscos. Eles incluem o Valor Presente Líquido (VPL, não tratado neste livro), no qual os julgamentos subjetivos sobre risco recebem valores numéricos sujeitos a um método de simulação. Mesmo assim, a base do método ainda é subjetiva e não lida com escolhas complexas.

Para escolhas complexas, são usadas árvores de decisão. Opções alternativas e eventos de mudança são identificados junto com o desempenho e os resultados prováveis. Como o VPL, estas podem ser simples demais para serem precisas – ou complexas demais para serem úteis. Elas podem convencer gestores a acreditar erroneamente que têm controle sobre o futuro. De maneira igualmente importante, elas podem impedir os gestores de sentirem que têm condições de gerenciar de forma intuitiva a disparidade entre a capacidade e a aspiração.

Outra abordagem é pensar em cenários (veja a página 220), quando o estrategista usa a imaginação para "ver" o futuro e projetar ações que podem ser tomadas para moldá-lo. Isso serve para reduzir a incerteza ao se tomar certas decisões que estão sob o controle da organização.

Sucesso

O estrategista está tentando encontrar um curso de ação capaz de levar a atividades que tragam resultados atraentes para a organização e suas partes interessadas. Você está sendo bem-sucedido se consegue pensar em um caminho que leve da posição atual para uma posição melhor. Mover-se de onde você está para onde deseja estar.

Você precisa reconhecer o que está sob seu controle e o que escapa a ele. Precisa entender bem as disparidades entre aspiração e desempenho. Necessita eliminar essa lacuna, seja aumentando a aspiração até um ponto que as pessoas estejam dispostas a tentar para alcançar mais, seja aumentando o desempenho até um ponto em que elas possam alcançar o que é desejado.

Sinais do seu sucesso como estrategista

- ➤ Você identificou destinos e objetivos atraentes.
- ➤ Uma estratégia confiável para conquistar objetivos é criada.
- ➤ O nível de incerteza de fora é entendido.
- ➤ O tamanho da disparidade entre desempenho e aspiração é identificado.
- ➤ A disparidade entre a capacidade e a incerteza é gerenciada de maneira eficiente.

Armadilhas

Você assume riscos demais quando não tem a capacidade de fazer o que decidiu fazer. As pessoas podem ficar excessivamente confiantes por causa de sucessos passados ou excessivamente otimistas com os mercados mundiais. Elas podem assumir coisas demais porque superestimam a capacidade dos colegas ou subestimam a dificuldade da tarefa. Isso fica ainda pior se uma falta de franqueza ou uma educação exagerada impedem as pessoas de expressar preocupações. Uma atitude defensiva pode levar a uma ignorância que aumenta os riscos.

Há igualmente um problema se projetos e metas ambiciosos não são tentados. Os lucros para o negócio serão baixos e podem ser baixos demais para mantê-lo seguro. Os acionistas podem achar isso inaceitável e o negócio não vai sobreviver se uma cautela excessiva causar perda de fatia de mercado e de lucro. A tarefa do estrategista e da equipe de liderança é reduzir a incerteza em áreas em que eles podem ter uma influência direta no sentido de perseguir objetivos difíceis de uma maneira atraente.

Checklist do estrategista

- Identifique as áreas que estão sob seu controle e as que escapam a ele.

- Avalie os níveis de incerteza dentro e fora da organização. Examine a lista das perguntas desta seção. Converse sobre elas com sua equipe e pense numa direção provável de mudança. Pense em como a organização pode lidar com problemas inesperados e esperados.

- Compare aspirações e expectativas de desempenho. Se as aspirações são maiores que as expectativas, pense em como reduzir a disparidade aumentando o desempenho ou reduzindo as aspirações a curto prazo. Se as expectativas são maiores do que as aspirações, pense em como aumentar as aspirações.

- Use ferramentas de planejamento de cenário (veja a página 220) para pensar em como as estratégias podem aumentar ou diminuir o risco no futuro. Use o modelo de 5 forças (veja a página 206) para identificar forças que podem aumentar ou diminuir riscos em relação à sua posição competitiva.

- Explore o uso de ferramentas de análise de risco e tomada de decisões (VPL e Árvores de Decisão). Elas estão impedindo níveis apropriados de tomada de riscos? Serão úteis para melhorar a compreensão deles?

- Reflita sobre a capacidade da companhia de fazer o que é exigido pela estratégia. Considere também a capacidade da cultura e as habilidades para se adaptar a problemas imprevistos, em especial se a estratégia for ambiciosa.

Ideias relacionadas

Nassim Nicholas Taleb, em seu livro *A lógica do cisne negro*, defende que as pessoas têm uma visão errada do risco. Isso significa que elas assumem riscos que não podem subestimar e evitam riscos que superestimam. Isso é exacerbado pela falta de informação, por medos pessoais e por dinâmicas de grupo.

Estar ciente dessas tendências pode ajudá-lo a realizar o tipo de ação que seu competidor teme tentar quando, na verdade, não está assumindo riscos tolos. É isso que os empreendedores fazem instintivamente quando demonstram uma forma de impulsividade funcional junto com habilidades superiores de reconhecimento de padrões.

Olhando sobre o ombro

Estratégias competem com estratégias. Organizações competem com outras organizações. Você precisa estar ciente do que a concorrência está fazendo. Precisa saber o que seus clientes estão fazendo. A adaptação paranoica faz parte do jogo da estratégia. Olhe para cima, para baixo, para trás e para a frente.

Frequência – Regularmente.
Participantes-chave – Você.
Avaliação de estratégia ***

A Netflix, a companhia de entretenimento de envio de filmes pela internet, está sendo impulsionada por um desejo de experimentar coisas novas. Eles sabem que alguém em algum lugar está fazendo algo para ameaçar sua sobrevivência, então estão dispostos a canibalizar o próprio negócio. Eles foram chamados de "uma porcaria sem valor" por analistas que achavam que os concorrentes iriam alcançá-los. Então, eles andaram mais rápido. A Netflix usou as críticas para motivar a reinvenção constante de sua estratégia. Ela foi incrivelmente bem-sucedida, mas isso não garante nada.

Objetivo

A estratégia não deve ser criada num vácuo porque a estratégia não pode ser executada (posta para funcionar) num vácuo. A estratégia competitiva funciona num contexto criado por ações (e ações prováveis) da concorrência. É surpreendente ver como os líderes não sabem o que seus concorrentes estão fazendo e por quê.

- O que sua concorrência está fazendo?

- O que as melhores companhias do mundo estão fazendo?

- O que outras companhias estão fazendo melhor que você?

Essas perguntas são um bom ponto de partida. Você deve fazer compras nas lojas dos concorrentes. Deve adquirir os produtos deles e usar seus serviços. Passe algum tempo no espaço deles. Obtenha uma torrente constante de ideias dos seus concorrentes para poder aprender com eles e descobrir o que eles fazem melhor do que você, ou o que os melhores do mundo estão fazendo. As melhores ideias do mundo não estão na sua cabeça, na sua organização ou na sua indústria. Então, olhe ao redor.

Não fique obcecado em copiar os concorrentes, mas aprenda com eles. Você pode escolher adaptar o que encontrar, ou fazer algo completamente diferente como forma de diferenciar sua própria estratégia. Você também pode combinar ideias de concorrentes diferentes e criar algo novo.

Contexto

Faça sua concorrência parecer real. Traga-os à vida; pessoas reais, vivas, que respiram – e que estão tentando ser melhores que você; pessoas inteligentes que estão se movendo mais rápido que você. Crie um mural dos concorrentes. Cole no mural o logotipo deles. Afixe os produtos. Amplie críticas – até os insultos. Use isso para motivar a criatividade.

O CEO da Blackberry coloca seu próprio produto no centro da sala durante as reuniões. A ideia é conversar sobre como melhorar o valor do que é oferecido aos clientes. E mais interessante ainda é colocar os melhores produtos de seus concorrentes em volta do seu – desafiando você a fazer um melhor.

- O que você faria para melhorar os produtos de seus concorrentes?

- Qual é o segredo do sucesso deles?

- O que seus concorrentes poderiam fazer para eliminá-lo?

- Como você pode reagir diante do pior e do melhor que seus concorrentes conseguem fazer?

Quando você descobre algo que pode fazer com facilidade, isso é ótimo, mas procure se interessar realmente quando descobrir algo que seria difícil de fazer. Pode ser difícil de fazer por dificuldades técnicas ou práticas, ou porque iria destruir o negócio (ou receita) que você já tem. Mas é isso que torna a possibilidade atraente como estratégia. Também não vai ser fácil para a concorrência.

Desafio

É difícil para muitas pessoas se concentrarem em qualquer coisa fora daquilo que está em torno. Elas são pagas para prestar atenção nas tarefas que competem à descrição de sua função. Nos dias de trabalho, predomina o jeito como as coisas são feitas por ali. As reuniões são usadas para revisar o progresso dos projetos. Os objetivos tendem a ignorar o que está acontecendo agora – e o que pode acontecer em seguida.

Não é fácil olhar ao redor. Não há muito tempo e muito do que você pode ver vai criar mais trabalho, decisões ou argumentos sobre aonde ir e o que fazer. Os gestores algumas vezes sobrevivem não questionando o status quo, e ainda assim a estratégia consegue reverter suposições. Ela é ajudada pelo fato de olhar para fora a fim de encontrar ações dos concorrentes que justifiquem melhorias.

Mesmo se você passar um tempo olhando ao redor, alguns desafios vão permanecer. Você precisará tomar decisões (ou influenciar alguém que as toma) para ir atrás da concorrência. Você terá de criar ações positivas a partir da paranoia. E terá de evitar o tipo de cópia "eu também" que o coloca numa posição pior.

- Quem são seus concorrentes?

- Quais concorrentes o motivam?

- Quem está fazendo o melhor trabalho na sua indústria?

- Quem está fazendo o melhor e mais excitante trabalho em qualquer indústria?

É importante escolher seus concorrentes com cuidado.

Eles podem inspirá-lo a fazer melhor. Podem lhe mostrar o que é possível. Podem lhe proporcionar aquele amor quase infantil pela melhoria. Podem lhe mostrar como fazer o que realmente precisa ser feito e lhe oferecer um motivo para fazê-lo.

Sucesso

Você saberá que está ficando melhor na arte de olhar sobre o ombro (para os concorrentes) quando seu senso de urgência aumentar. Em vez de observar o relógio – para ver quanto o dia vai demorar a passar –, você vai observar a concorrência para ver quanto tempo vai demorar para que eles o alcancem.

Nosso trabalho terá o significado que dermos a ele. Seu trabalho pode significar mais quando você faz suas tarefas de uma maneira que compete com as outras pessoas na corrida. É mais divertido se você está tentando ser melhor do que pessoas de outras empresas que se interessam pelas mesmas coisas que você.

Quando você olha ao redor, sabe que ameaças estão vindo antes de elas causarem danos sérios. Você vai entender mais sobre o que torna seus concorrentes bem-sucedidos e o que pode torná-los mais perigosos no futuro. Você não vai cair na armadilha de ignorar novos participantes só porque são novos ou subestimar velhos concorrentes só porque são velhos.

Sinais do seu sucesso como estrategista

- Você tem uma lista de ameaças e perigos.
- Você criou um mural dos concorrentes (ou algo semelhante) para mantê-los reais.
- Todo mundo na empresa passa tempo usando e avaliando produtos dos concorrentes.
- Você reconhece momentos decisivos que são estratégicos para sua organização e indústria.
- Um senso de urgência (e paixão) aumenta conforme você tenta correr mais rápido.

Armadilhas

É importante não se tornar obcecado com a concorrência se isso o impede de fazer um ótimo trabalho. As pessoas são diferentes; algumas ficarão motivadas pelo que a concorrência está fazendo e pelo que pode acontecer em seguida; outras vão se preocupar com coisas que não podem mudar ou se sentir mal em relação ao que elas fazem. Encoraje o orgulho em todas as boas coisas que você faz. Proteja as pessoas da paranoia real. É seu trabalho como líder olhar sobre os ombros de vez em quando – com frequência suficiente para reenergizar sua equipe e evitar o perigo.

Checklist do estrategista

- Liste as coisas ótimas (e ruins) que seus concorrentes estão fazendo. Entenda como eles são bons no que fazem para que você seja capaz de responder a eles.

- Liste as coisas ótimas que as pessoas em outras indústrias estão fazendo. Quais são suas inspirações? Que produtos você compra? Quem você admira?

- Torne a concorrência real. Crie um manequim de seu principal concorrente. Compre alguns dos produtos dele e organize uma mesa de amostras para as pessoas experimentarem. Elabore um mural de anúncios e serviços de concorrentes e em especial as críticas que eles fazem a você.

- Faça reuniões rápidas para olhar sobre o ombro. Faça reuniões demoradas usando cenários. Explore como fazer frente ao melhor trabalho de seus concorrentes. Pense em como reagir a oportunidades.

Ideias relacionadas

Andrews Grove, ex-CEO da Intel, escreveu *Só os paranoicos sobrevivem*. Ele defende que a estratégia precisa responder às mudanças inevitáveis no cenário competitivo mostrando um tipo de flexibilidade paranoica. Essa abordagem lhe permite sobreviver executando ações inteligentes nos seus Pontos de Inflexão Estratégicos e transformando-os em oportunidades para moldar o futuro (veja a página 210).

Onde a grama é (realmente) mais verde

Aquilo que gerava dinheiro para sua empresa no passado parou de fazê-lo. Novos produtos substituem os velhos. Serviços inteiramente novos vão substituir serviços velhos. Os melhores lugares para vender seus produtos vão mudar. Os clientes que eram tão importantes vão parar de comprar (ou começar a fazê-lo). Você precisa saber quando (e como) mudar o foco.

Frequência – Trimestral, regularmente.
Participantes-chave – Equipes de liderança.
Avaliação de estratégia ****

Tanto a Intel quanto a Microsoft ganharam bilhões dominando de forma bem-sucedida o mercado de computadores de mesa nos EUA. A grama era mais verde no seu lado da cerca, mas agora as pessoas estão usando mais a internet em dispositivos móveis do que em computadores de mesa – e há mais pessoas usando computadores no resto do mundo do que nas nações mais ricas. A grama agora é mais verde do outro lado da cerca. Você precisa saber quando isso é verdade para sua companhia, a fim de mudar o foco para novos mercados.

Objetivo

Saber quando se concentrar em novos mercados é uma parte muito importante da estratégia competitiva. Com frequência, é uma questão de quadro global – não algo que deva surpreendê-lo. Ela não deve ser uma oportunidade não planejada porque você precisa ser capaz de ver esse tipo de movimento do mercado à frente do tempo. E realmente não se refere a reagir porque isso com frequência são tendências de longo prazo.

■ Seu mercado está crescendo, está estagnado ou está encolhendo?

- Os níveis de concorrência estão crescendo, estão estáveis ou estão encolhendo?

- Onde se situam os mercados que estão crescendo mais rapidamente que o seu?

Se seu mercado está crescendo rápido, então sua grama é verde o suficiente, mas um declínio de mercado vai lhe causar problemas. Mesmo a estagnação do mercado exige mudanças com o tempo, e se os concorrentes crescerem em novas áreas, eles vão voltar com novos recursos que podem ameaçá-lo.

Contexto

Se seu mercado continua a crescer, então ele vai lhe proporcionar novas oportunidades de expansão no futuro. Como pensador estratégico, você quer ter ideias sobre quando e onde expandir.

Pode ser que o mercado esteja crescendo rápido o suficiente, mas seus concorrentes estão crescendo ainda mais rápido. O resultado final ainda pode se tornar um problema real para sua empresa. Uma diminuição relativamente pequena na participação no mercado pode ter grande impacto nos seus níveis de rentabilidade, e seus concorrentes podem usar essa fatia de mercado para amplificar sua própria expansão num círculo de crescimento que será – de novo – potencialmente nocivo para a empresa.

Esteja particularmente atento a novos concorrentes. Eles foram atraídos pelo seu mercado. Podem ter vindo de outros mercados em busca de "gramas mais verdes", e podem ter observado oportunidades para fazer algo incrível que você não viu ainda.

Qualquer mercado que esteja crescendo mais rápido que o seu merece ser examinado com cuidado. Uma decisão estratégica de entrar num mercado que está crescendo rapidamente merece ser considerada. Pode ser um mercado pequeno, mas que será maior que o seu com o tempo, ou um mercado grande, mas que ainda está crescendo. Pode ser um mercado semelhante ao seu, ou um segmento de um mercado existente, ou um mercado extremamente diferente, mas que pode ser perseguido pelo investimento de lucros de seus mercados existentes.

Desafio

É difícil para algumas pessoas sacrificarem o que têm agora (a grama verde) pelo que pode haver do outro lado da cerca. Se elas desfrutam de sucesso no mercado existente, pode ser necessário algum esforço para convencê-las de que chegou a hora de explorar novos mercados. Você vai precisar apresentar um argumento forte.

- Com que rapidez o novo mercado está crescendo?

- O que vai acontecer se você ignorar os novos mercados?

Parte do ato de ser um pensador estratégico é se tornar um apresentador estratégico (veja a página 38). Você deve considerar as estatísticas e tendências mais fortes dos novos mercados. A coisa importante é ser capaz de esclarecer a situação de maneira que a melhor decisão (não perfeita) possa ser tomada.

- Onde esse novo mercado está crescendo? Qual é a geografia do crescimento?

- Quais grupos demográficos estão impulsionando o crescimento?

- Quais são os principais concorrentes no novo mercado?

- Quais as tendências mais importantes para o novo mercado?

Entender a nova oportunidade de mercado é importante, mas entender como fazer o novo mercado funcionar para sua empresa é mais importante. O próximo passo é explorar a receita do sucesso e pensar em como tirar vantagem do novo mercado.

- Você tem o que é preciso para ganhar no novo mercado?

- O que é necessário para obter as habilidades e conhecimento certos?
- Como você se concentra em dois mercados ao mesmo tempo?

Sucesso

Conhecer seu próprio mercado é o início. Você precisa saber qual é seu tamanho, sua participação de mercado e suas vantagens. E precisa saber o mesmo em relação a seus concorrentes – se está sendo espremido entre forças competitivas, como isso pode acontecer no futuro e vai entender as tendências-chave no seu mercado e como elas podem alterar o poder de atração da posição que você ocupa.

Sua empresa também vai saber sobre uma gama de outros mercados. Você saberá quais são mais próximos de você: seu tamanho, crescimento, grupos demográficos e tendências-chave. Também ficará ciente dos mercados que crescem mais rápido em outras indústrias. O crescimento pode oferecer oportunidades e ameaças. As áreas de crescimento mais rápido são as que apresentam maior probabilidade de impacto em indústrias aparentemente não relacionadas.

Você vai saber o que é preciso para competir e o que seria preciso para entrar em novos mercados, e sua companhia terá uma compreensão melhor dos pontos de decisão no futuro. Quando fará sentido entrar em novos mercados?

Sinais do seu sucesso como estrategista

- Você sabe se seu mercado está crescendo ou encolhendo (e quanto).
- Fontes (e níveis) de concorrência no seu mercado são conhecidas.
- Mercados de crescimento rápido foram identificados e explorados.
- Argumentos e planos fortes para entrar em novos mercados estão prontos.
- A liderança (em especial) está pronta para investir e se mover conforme necessário.

Armadilhas

Você pode falhar. Nem todos os mercados de crescimento rápido serão adequados para a experiência que sua companhia é capaz de oferecer. Você pode enxergar a oportunidade, todo mundo concorda que algo tem de mudar, mas isso não significa que você saiba como. Você pode não dispor dos recursos estratégicos, do conhecimento, dos processos ou dos relacionamentos para realizar a jornada. Mesmo novos mercados têm barreiras de entrada.

Alternativamente, previsões para o novo mercado podem simplesmente ser otimistas demais. Elas podem mudar de maneira rápida, talvez crescendo menos do que o esperado, ou há um estouro de novos concorrentes que viram o que você viu. O resultado será margens e lucros menores do que você pensou.

Checklist do estrategista

- Examine o crescimento provável de seu mercado existente. Considere o que isso vai significar para sua empresa no futuro. Pense no que sua companhia pode fazer estrategicamente para alcançar seus objetivos se o mercado desaquecer.

- Explore mercados alternativos de crescimento rápido. Comece com aqueles mais próximos dos seus produtos e serviços. Então, pense em mercados de crescimento rápido no mundo. Examine como produtos existentes podem ser vendidos em novos mercados. Pense como você pode desenvolver novos produtos.

- Assegure-se de que as oportunidades são reais. É importante não fugir do trabalho duro (ou de decisões difíceis) no seu mercado existente. Você pode descobrir que seu novo mercado é muito mais difícil do que aquele que você deixou para trás.

- Assegure-se de que você conhece o custo de não fazer nada (ou de permanecer em seu mercado existente). Mesmo que o novo mercado seja difícil, pode valer a pena experimentar. Há risco em mudar e em não mudar.

Ideias relacionadas

Michael Porter identifica 5 forças que afetam a concorrência. Concorrentes Existentes – quão bem eles estão competindo; Novos Participantes – aumento de concorrência porque há mais pessoas competindo pelo mesmo mercado; Substituição de Produtos – demanda reduzida por seus produtos porque as pessoas não precisam mais deles; Fornecedores – que tornam a vida mais fácil ou mais difícil dependendo da demanda e da oferta de seus produtos; e Clientes – cuja demanda por seus produtos depende da renda e do interesse (veja a página 206).

parte

três

Criando sua estratégia

Em algum momento, você vai querer criar sua estratégia para ir de onde está agora até o ponto onde quer chegar. Mesmo que se sinta totalmente feliz onde está, você vai precisar de uma estratégia para se manter nesse lugar – outras pessoas estão criando estratégias e gerando ondas que podem mudar sua situação.

Parte do trabalho de criar estratégia consiste em enxergar o quadro global. Se você conseguir tirar um tempo para olhar além das tarefas imediatas do dia a dia, poderá ver suas tarefas dentro do contexto do mercado ou da situação geral. Você com certeza pode agir sem saber onde está, mas será muito melhor se for capaz de moldar suas ações direcionando-as para a situação em que se encontra agora. E é aí que a estratégia vem em seu auxílio.

Dentro do quadro global, você vai procurar o lugar onde quer estar: sua posição desejada. Sua estratégia terá uma intenção e uma direção geral estratégica. Use as perguntas-chave para encontrar uma direção que atenda o que realmente quer realizar.

Criar estratégia também significa encontrar vantagens – descobrir algo que você é capaz de fazer que seja compensador ou lucrativo. Você pode procurar ativamente por algo em comum entre aquilo que você deseja fazer e o que necessita de melhora no seu negócio.

Você pode criar uma estratégia que lhe permita fazer algo que o mundo deseja, ao mesmo tempo em que você sobrevive e seu negócio floresce. Valor e lucro não são automaticamente a mesma coisa; a estratégia lhe dá condições de considerar a diferença entre o impacto geral das ações e a busca limitada de objetivos de negócios de curto prazo. Não dá para ganhar o trimestre e perder a década.

A estratégia que você cria nunca está completa. Ela é um conjunto vivo de respostas para perguntas básicas e poderosas. Você vai precisar reagir a eventos e se adaptar a concorrentes se quiser que as intenções gerais do grupo sejam concretizadas de maneira produtiva.

Você terá de tomar decisões estratégicas sobre o que fazer em relação ao quadro global. Você não precisa decidir tudo, mas há certas decisões que são úteis para seu sucesso. Há decisões que vão fazer com que seu pessoal se concentre em alcançar um objetivo em especial e há decisões inteligentes que o deixam pronto para fazer coisas novas e grandes no futuro.

Você está vendo o quadro global?

Os estrategistas refletem sobre o quadro global. Eles vão além da lista de coisas para fazer, ou da agenda de produção ou do plano para os próximos meses. Os estrategistas se interessam pelo longo prazo – o que vai acontecer em um ano, uma década, um século. Eles também se interessam por coisas que estão acontecendo fora de sua empresa, de seu país, de sua indústria.

Frequência – Reservar um tempo regularmente.
Participantes-chave – Você e seu chefe.
Avaliação de estratégia ****

A ideia do Twitter surgiu num dia de brainstorming sobre o quadro geral. Funcionários de uma empresa de podcasts passaram um tempo pensando sobre estratégia e como sobreviver à dura competição da Apple que eles tinham de encarar. Um deles teve uma ideia de um serviço de SMS. A empresa decidiu criar um protótipo e mais tarde esse grupo que teve a ideia adquiriu a empresa. Quatro anos depois, eles tinham mais de 200 milhões de usuários e a empresa valia bilhões de dólares. O sucesso do Twitter ocorreu porque eles foram além do plano existente.

Objetivo

Considerar o quadro global (e o que fazer em relação a ele) é uma parte essencial da estratégia. É essencial para um pensador estratégico ser capaz de olhar além do dia a dia e realmente enxergar outras oportunidades.

Cumprir o trabalho do dia a dia pode se mostrar bem menos importante para você e sua empresa do que parece hoje. Pode haver perigos no quadro global que tornem o que você está fazendo um desperdício de tempo. Pode haver oportunidades que tornem seus objetivos atuais relativamente sem importância.

Olhe para a frente

Explorar o futuro é parte de um quadro maior. O que é provável que aconteça para sua companhia se as tendências atuais continuarem? O que vai acontecer se as suposições atuais estiverem erradas? Quanto tempo sua empresa pode durar se o seu principal mercado desaparecer? Que ótimas coisas podem acontecer se você mudar de direção?

O propósito de olhar para a frente é julgar quando é melhor mudar. Se você olhar para a frente, pode tirar vantagens de oportunidades no futuro. Você pode entender melhor as implicações de eventos que estão ocorrendo hoje se tiver um contexto futuro – um quadro global – que lhe sirva de pano de fundo.

Olhe para trás

Pensar sobre o passado também faz parte do quadro global. De onde veio o sucesso de sua empresa? O que funcionou desde que ela começou? O que falhou? Que projetos foram tentados? Como o passado levou à situação em que ela se encontra agora? Que lições podem ser aprendidas? Que lições precisam ser desaprendidas?

O propósito de olhar para trás é entender melhor as razões pelas quais a companhia é do jeito que é e por que está fazendo o que faz. É mais fácil enxergar tendências com o tempo; também é mais fácil entender as posições e perspectivas de pessoas se você sabe o que aconteceu no passado da empresa.

Olhe para fora

Voltar sua atenção para fora de sua companhia, mercado ou país é uma parte importante do quadro global. Quais são as tendências de crescimento mais rápido no mundo? Que mudanças sociais têm impacto na sua companhia? O que os concorrentes estão fazendo? Quais são as novas maneiras de fazer as coisas? Você está ficando para trás? Com quem você pode aprender?

O propósito de olhar para fora é ver o que as outras pessoas estão ignorando. Você deve ler revistas e artigos de outras indústrias. Deve experimentar tecnologias que não têm nada a ver com seu trabalho. É uma boa ideia viajar, tirar fotos e ter curiosidade sobre o mundo exterior.

Contexto

No trabalho, muitas pessoas limitam sua visão do mundo à tarefa que desempenham e à equipe à qual pertencem. Esse é o quadro menor. Elas não veem como o que fazem contribui para o todo da empresa. Não veem como podem mudar o que fazem para ajudar outras partes do negócio. E não enxergam as ameaças a seu trabalho decorrentes de mudanças que são parte do quadro global. Então, vale a pena fazer algumas perguntas:

- Qual é a estratégia oficial (ou formal) do negócio?
- Como a companhia ou a indústria estão indo?
- O que outras pessoas estão falando sobre sua companhia?
- Como seu trabalho e o trabalho de sua equipe contribuem para a empresa?

Há muitas outras questões que você pode colocar, mas o importante é que você considere o quadro global de maneira a tomar decisões melhores e ações mais eficientes. Se você não levar em conta o quadro global, não estará pensando como um estrategista (veja a Parte 2) e não será capaz de tirar vantagem das oportunidades nem de evitar as ameaças que surgirem no seu caminho.

Desafio

É importante olhar para a frente, para trás e para fora de sua companhia como providência para enxergar o quadro global, mas isso é só o começo. O próximo passo é simplificar os vários detalhes num quadro geral que possa ajudá-lo a entender o que está acontecendo.

Esse modelo simplificado do mundo também torna mais fácil para outras pessoas enxergar o quadro global – se elas o enxergarem como um modelo simples, você conseguirá discutir o que deve acontecer em seguida com menos confusão. Você pode planejar sua estratégia com um entendimento mais claro de como suas ações devem moldar o futuro, e pode conseguir apoio para suas ideias estratégicas porque as pessoas têm uma ideia clara de seus argumentos.

Vale a pena enfatizar que o quadro global deve ser representado visualmente – deve ser um quadro global do negócio e de seu lugar no mundo. Ver o quadro global é examinar com cuidado os eventos e possibilidades, mas as outras pessoas entenderão mais facilmente se ele for gráfico, e essa é uma das razões da grande popularidade dos modelos mostrados neste livro (veja o kit de ferramentas – Parte 6).

Sucesso

Você saberá que está se aperfeiçoando na arte de ver o quadro global quando puder encaixar novos itens de informação no seu quadro global mental. Você lerá sobre um evento e saberá como ele provavelmente vai impactar planos existentes (e futuros) do negócio. E começará a reconhecer oportunidades porque vai se tornar habilidoso em imaginar cenários diferentes.

Você também será capaz de desenhar imagens simples para representar seu negócio. Elas não precisam ser bonitas, apenas diagramas funcionais que mostrem como o negócio funciona, assim como as pressões, ameaças e oportunidades que ele encara. É importante que você consiga comunicar sua versão do quadro global para os outros a fim de conseguir apoio.

Você será conhecido como alguém que enxerga o quadro global e – igualmente importante – você será capaz de aplicar essas ideias ao clima político, então poderá reconhecer as melhores maneiras de influenciar outras pessoas. O pensador estratégico deve ser capaz de aplicar essas ideias em suas ambições pessoais e no negócio em que trabalha.

Sinais do seu sucesso como estrategista

- ➤ Todo mundo tem uma visão do quadro global do futuro.
- ➤ Sua companhia sabe, dentro do quadro global, de onde vem o sucesso.
- ➤ O trabalho que você faz se encaixa na visão do quadro global da companhia e da indústria.
- ➤ Você simplificou o quadro geral para que ele possa ajudar a esclarecer escolhas.

Armadilhas

Examinar o quadro global pode se tornar complicado. Pode haver tantas coisas a considerar que você acabe por não saber o que fazer, ou por ignorar até mesmo o que está realmente acontecendo. Por isso é tão importante que você use as ferramentas deste livro para simplificar o quadro global. Um estrategista não pode se perder em detalhes, você precisa se elevar acima deles e compreender tudo numa visão do alto. Você tem de oferecer um mapa claro que ajude os outros a entenderem o quadro global e a fazerem algo a respeito.

Checklist do estrategista

- ▦ Saiba mais sobre a missão e a estratégia formal de sua organização.

- ▦ Pense sobre como seu papel contribui para o sucesso da companhia.

- ▦ Use a Análise SWOT, o Planejamento de Cenários e as 5 Forças de Porter (veja as páginas 204, 206 e 220) para entender melhor o quadro global e ter algo para compartilhar com os colegas.

- Examine o futuro, o passado e o presente para procurar partes do quadro global que afetam sua organização.

- Coloque esses elementos num diagrama visual ou gráfico que mostre como seu negócio funciona e como ele pode mudar no futuro.

- Identifique tendências e eventos-chave. Discuta-os com sua equipe regularmente.

Ideias relacionadas

Clayton Christensen defende em *O dilema da inovação* que muitas companhias que escutam seus melhores clientes e trabalham para construir novos produtos para eles são cegas em relação ao quadro global. O sucesso alcançado ao fazer o que você está fazendo o impede de ver o que deveria fazer em seguida.

Encontrando posição, intenção e direção

É importante saber as respostas para várias perguntas: onde você vai competir em relação a seus concorrentes; o que pretende alcançar dentro do quadro global; de onde você vem, em que direção quer seguir; e em qual velocidade?

Frequência – Anualmente, com uma revisão regular.
Participantes-chave – Equipe de liderança com a organização.
Avaliação de estratégia – Parte 6

A Apple encontrava-se em declínio. Estava privada de ideias e confusa quanto à sua posição no mercado. Fazia computadores feios e cinzentos e tentava vendê-los pelo dobro do preço de computadores com Windows. Steve Jobs – um dos fundadores – voltou e isso ajudou. Jonathon Ives – um designer industrial – projetou o iMac com cor de doce e isso também ajudou. Mas foi só depois do lançamento do iPod que a Apple se tornou capaz de desenvolver uma posição estratégica distinta. Os dez anos seguintes mostraram seu crescimento impossível de ser detido, rumo ao domínio dos mercados de música, filme e celulares.

Objetivo

É útil saber o que você está tentando fazer. Isso inclui determinar metas específicas e tarefas individuais a serem realizadas. Mas a estratégia é composta de tarefas ligadas entre si e acumulativas, que valem mais do que a soma das partes. O valor das ações individuais é proporcional ao valor das ações dos competidores e as necessidades dos consumidores.

As pessoas que trabalham com você querem saber como você se encaixa na visão de mercado delas. Os clientes que compram seus produtos e serviços também precisam ter uma percepção de como estes se distinguem daqueles oferecidos pela concorrência. Seus colegas precisam saber o que você está tentando realizar (e não realizar) para que possam contribuir de maneira eficiente.

Escolher uma posição estratégica distinta também pode ajudá--lo a evitar uma competição direta contraproducente, mas apenas se essa posição for diferente o bastante para evitar que a concorrência venha atrás de você rápido demais. No exemplo da Apple, eles conseguiram criar uma combinação de características de produto e serviço que se mostrou muito difícil de copiar mesmo anos depois de eles terem estabelecido a posição original.

Contexto

Para que todos saibam a posição que você quer alcançar, você deve declarar isso de maneira que todo mundo (ou a maioria das pessoas) compreenda. Essa é a parte da orientação da estratégia, deixar as pessoas saberem onde elas se encontram em relação a onde você quer que a companhia vá.

Declarações de missão e propósito ganharam uma reputação ruim, mas só por causa de todas as vezes em que foram criadas sem um elo significativo com o que a companhia realmente queria fazer. Elas são sem sentido – ou pior, desapontam as pessoas que trabalham para a organização.

Ainda assim, a declaração de missão (como um resumo da estratégia) pode ser uma poderosa convocação. Ela permite que decisões e ações subsequentes sejam julgadas em relação à intenção estratégica geral. A declaração de missão da Apple tem um parágrafo e inclui as seguintes afirmações:

- A Apple projeta *os melhores* computadores pessoais do mundo.

- A Apple *lidera* a revolução digital da música.

- A Apple *reinventou* o telefone celular com seus iPhones e loja de apps *revolucionários*.

- A Apple introduziu seu iPad *mágico*, que está definindo o futuro dos aparelhos móveis.

A declaração de missão é um tipo de história da estratégia. Ela mostra a direção da intenção inicial de projetar "os melhores" computadores pessoais para liderar a revolução digital. E depois diz como o telefone celular foi reinventado levando à intenção estratégica atual de definir o futuro dos aparelhos móveis com seu iPad mágico.

As melhores declarações de missão mudam com o tempo, mas elas definem o posicionamento, a intenção e a direção da organização. Elas transmitem clareza aos funcionários, parceiros e investidores. Os clientes podem receber uma versão abreviada.

A Apple usou o slogan: "Isso muda tudo, de novo" para uma nova versão do iPhone e "produto mágico e revolucionário com um preço inacreditável" para o iPad original. Esse tipo de coerência ajuda a estratégia a ser bem-sucedida.

Desafio

Encontrar uma posição estratégica vai além da declaração de missão. O desafio é compreender a combinação de características que você oferece a seus clientes. A Apple projeta os "melhores computadores" e "dispositivos revolucionários e mágicos", enquanto a Dell pretende ser:

"A companhia de computadores mais bem-sucedida do mundo em proporcionar a melhor experiência ao consumidor nos mercados que atendemos".

As duas oferecem posições estratégicas bem diferentes, baseadas em prioridades igualmente muito diversas. A Apple compete projetando os melhores dispositivos, enquanto a Dell compete proporcionando a melhor experiência ao cliente. A Apple procura ser a melhor do mundo, enquanto a Dell quer ser a mais bem-sucedida do mundo e a melhor nos mercados que atende.

Se você é um funcionário novo na Dell, deve saber que a companhia está interessada primeiramente no sucesso financeiro e no domínio de mercado *mais do que* no design, e quer que a experiência proporcionada ao cliente exceda a de seus concorrentes mais próximos. Ela não prioriza a ideia de ter a melhor tecnologia, o melhor design ou experiências mágicas.

A estratégia da Apple pode levar a um sucesso financeiro maior, mas esse não é o posicionamento que ela escolheu. A estratégia da Dell pode levar a um design mágico, mas não é essa a intenção estratégica por trás de suas ações corporativas.

A lógica e as consequências prováveis de cada estratégia e declaração vão influenciar as ações dos funcionários, parceiros e clientes. E é por isso que vale a pena pensar com cuidado (e criatividade) sobre suas palavras e intenções.

Sucesso

Você deve escolher algumas características-chave para sua marca (e organização). A Apple escolheu "design" e "liderança". Se a Dell comparasse a si mesma com essas características, ela colocaria design e liderança como prioridades baixas. A Dell está mais interessada em sucesso financeiro e na experiência relativa do cliente. Suas características-chave devem lhe permitir medir o sucesso e se comparar a outros em mercados semelhantes.

O posicionamento precisa orientar as pessoas no negócio para que elas saibam que direção vão tomar e que caminho vão percorrer. Também precisa ser animador para que fiquem motivadas a executar um esforço criativo e participativo e façam esse esforço de maneira que ajudem a organização.

Você saberá as características-chave que vão guiar seus esforços e direção estratégica. Elas podem ser um preço alto e qualidade baixa, ou um design mágico e valor de marca alto, ou alta moda e qualidade média. Há maneiras incontáveis de se competir em termos de posicionamento, então não é possível oferecer uma lista completa. O importante é levar em conta as características-chave da indústria e *só então* considerar que características adicionais você quer acrescentar.

Com base nessa informação, você pode construir um mapa de posicionamento estratégico. Pode mostrar onde sua organização está em comparação com outros no mercado e indicar geograficamente onde sua organização quer estar no futuro.

Como exemplo, a Dell oferece design de qualidade média a preços médios. Eles têm concorrentes que podem produzir a preços menores e concorrentes que têm design de maior qualidade (a Apple, por exemplo). Precisam decidir se vão defender o meio-termo ou passar a ter melhor design ou custos menores. Eles podem até decidir fazer ambas as coisas.

O Twitter lista sua missão como "um trabalho em andamento", mas o slogan da companhia é "o melhor lugar para se descobrir o que está acontecendo neste momento", o que é uma declaração muito clara de intenção estratégica. O Facebook, um concorrente-chave, lista sua missão como "dar às pessoas poder para compartilhar", o que é – outra vez – distinto do Twitter.

Idealmente, seus esforços de posicionamento vão tornar mais simples decidir que ações se encaixam na sua estratégia, e quando você deve (ou não deve) fazer algo. Eles precisam influenciar o estilo como as coisas são feitas. E ajudar a guiar os esforços dos indivíduos e do grupo. Dessa maneira, as pessoas podem trabalhar com mais autonomia dentro da posição, da intenção e da direção norteadoras da estratégia.

Sinais do seu sucesso como estrategista

- Você descobriu a posição da companhia em relação a seu mercado.
- A intenção e o foco das ações da companhia estão especificados.
- Todo mundo (praticamente) sabe para onde a companhia vai – sua direção.
- Você tem uma maneira clara de comunicar a posição, a intenção e a direção.
- Você examinou se a estratégia é crível, coerente e motivacional o suficiente para conseguir apoio e impulso para a ação dentro da companhia.

Armadilhas

O posicionamento estratégico parece uma tarefa simples até que você começa a criar uma posição que é distinta. É fácil terminar com uma posição que não é clara. É fácil confundir a declaração com posição, ou ambos com o slogan. Também é bastante fácil criar declarações que podem ser entendidas de maneiras bem diferentes, levando a esforços desperdiçados ou contraproducentes.

Por exemplo, quando a Microsoft fala de "realizar o pleno potencial" dos clientes, fica imediatamente aparente o que eles querem dizer? E, se não é claro, então é difícil ver como a declaração contribui para a coerência estratégica das ações que ela empreende. É lógico que ela pode ser transformada em algo com significado, mas isso exige esforço. Se você apoiar declarações elegantes apenas da boca para fora, vai confundir em vez de esclarecer.

Checklist do estrategista

- Examine cuidadosa e criativamente sua posição no mercado. Comece com uma visão ampla do que o mercado inclui. Pense nas características que são diferentes. Inicie com custo e qualidade. Expanda para outras diferenças que tenham importância.

- Marque onde você se encaixa num mapa de posicionamento de estratégia. Você é baixo custo, baixa qualidade ou alto custo, alta qualidade? Ou você descobriu uma maneira de ter baixo custo e baixa qualidade? (Veja a página 88 sobre vantagens.)

- Pense como expor de maneira clara seu posicionamento e suas intenções no mercado. Escreva um slogan de uma linha, mas assegure-se de que ele tenha vindo de uma versão de um parágrafo que reflete a direção histórica. Isso ajuda a envolver os talentos dentro do negócio.

Ideias relacionadas

Michael Porter, professor de Administração de Harvard, defende que o posicionamento é praticamente tudo na estratégia, e que, uma vez que você sabe onde está competindo e onde quer competir, todas as outras decisões e ações fluem daí. Ele forneceu um sistema de referência de estratégias genéricas para ajudar a tomar essas decisões, mas você vai precisar de outras ferramentas para auxiliá-lo a realmente descobrir como diferenciar sua companhia de modo a alcançar o sucesso (veja o kit de ferramentas, página 199).

Buscando vantagens

Seguir as regras da empresa não vai levá-lo longe. Continuar a fabricar produtos ou entregar serviços como todos os seus concorrentes por um preço que os clientes vão pagar é alguma coisa, mas para um estrategista criativo não é suficiente. Você quer assumir a dianteira, encontrar uma vantagem competitiva que lhe permita ter mais lucro e fazer crescer seu negócio.

Frequência – Formal trimestralmente, informal sempre.
Participantes-chave – Você e sua organização.
Avaliação de estratégia **

Não é fácil ser a Vodafone. Há reguladores tentando reduzir os preços cobrados dos clientes e rivais oferecendo produtos e serviços para cada faixa de preço e todos os tipos de clientes. E é exatamente por isso que a empresa precisa continuar encontrando novas vantagens competitivas. Está tentando usar sua escala para reduzir custos em US$ 1 bilhão a fim de melhorar as margens e está investindo em oportunidades de crescimento com clientes corporativos, mercados emergentes e pacotes completos para diferentes tipos de clientes. E ainda estão procurando algo novo.

Objetivo

O objetivo é encontrar um conjunto de vantagens competitivas que lhe permita primeiro sobreviver e depois prosperar. Há muitas vantagens diferentes na prática, mas há três estratégias genéricas que vale a pena discutir como ponto de partida (veja a página 208).

Liderança de custo significa que você pode produzir os bens ou o serviço a um preço menor do que qualquer outro concorrente. Você pode até compartilhar a liderança de custo com alguns concorrentes próximos se há competição suficiente no mercado. Por exemplo, um país pode ser o produtor de menor custo de um item específico, mas há vários competidores diferentes dentro da companhia. Raramente há apenas um líder de custo em todas as áreas, mas a estratégia genérica é um bom ponto de partida.

Você pode alcançar sua liderança de custo sendo mais eficiente que outros concorrentes. Essa eficiência pode ser alcançada por meio de processos ou técnicas de fabricação melhores, ou de gerência de qualidade sem desperdício. Ou custos baixos podem ser alcançados usando mão de obra mais barata ou uma localização mais próxima do mercado-alvo e pela redução de custos de transporte ou venda.

Diferenciação significa que você pode produzir bens ou serviço diferente daquele dos seus concorrentes. Ninguém vende isso, então você não tem de se preocupar em manter os custos mais baixos do que a concorrência. Você pode aumentar os preços porque seus produtos são tão valorizados pelos clientes que eles vão pagar a diferença. Essa melhoria na elasticidade da demanda tem ótimos benefícios para sua posição competitiva.

Há uma quantidade infinita de maneiras de ser diferente. Seu produto pode ser menor, maior, mais rápido, mais lento, mais pesado, mais leve, mais feio ou mais bonito. Permite encaixe perfeito com outros produtos. Pode ser promovido por celebridades ou propagandas incríveis. Ser mais conveniente ou mais prestigioso, vir em várias cores e padrões diferentes, ser mais eficiente ou mais silencioso ou, ainda, ter qualquer número de novas funções.

O mais importante em relação à diferenciação é que ela precisa ser valorizada pelo cliente mais do que exigências que competem entre si pelo dinheiro e pelo tempo, e ser de maior valor do que custa para você produzi-lo, permitindo-lhe ter lucro para continuar fazendo o produto ou fornecendo o serviço. A diferenciação é determinada por adjetivos e é julgada por quem está lhe pagando.

O *foco* é a terceira estratégia genérica. De certa forma, é um tipo de diferenciação, já que você se concentra numa parte do mercado e mantém os outros concorrentes longe. Isso pode se dever a restrições geográficas naturais – tal como ser o único cabeleireiro na sua área.

Com frequência, o foco é alcançado porque você faz uma diferenciação em relação a *quem* você tem como alvo ao elaborar propagandas e processos de satisfação em torno dos clientes desse nicho. E, a longo prazo, você começa a fazer mais mudanças no serviço ou no produto para melhor satisfazer as necessidades e aspirações de seu nicho.

Contexto

Em teoria, você só pode escolher uma das três estratégias genéricas. Na prática, as três se sobrepõem e podem ser combinadas.

Se há uma diferença significativa no custo da produção, ele pode ser usado para se obter um efeito poderoso. Isso é particularmente verdade quando a diferença significativa não é possível de se alcançar no curto ou no médio prazo.

Fabricantes de carro japoneses se tornaram mais eficientes em relação ao custo que seus rivais ocidentais. A liderança de custo permitiu-lhes vender mais barato que os rivais e ganhar participação de mercado. Também permitiu que equiparassem seus preços com os dois rivais e conquistassem margens de lucro bem maiores que as deles, de forma a poder investir de volta no negócio. O investimento os tornou mais competitivos num ciclo que era virtuoso para o Japão e desafiador para o Ocidente.

Ao combinar estratégias genéricas, os fabricantes de carro japoneses puderam começar com carros de preço baixo voltados para um pequeno nicho de consumidores e então subir de nível para categorias de carro diferentes e mais caros. Eles passaram para os carros de tamanho médio, e então para carros executivos, marcas de luxo, esportivos e por fim supercarros que rivalizavam com Ferraris.

O sucesso dos japoneses foi baseado nas vantagens competitivas de uma liderança de custo focada em segmentos específicos do mercado que se transformou em diferenciação por meio de inovação. E a combinação de todas as três com o tempo os consolidou como corporações globais imensamente bem-sucedidas.

Desafio

Cada uma das estratégias genéricas (custo, diferenciação e foco) exige várias habilidades, primeiro para ser criada no papel e depois para ser operacionalizada. Uma coisa é dizer que você quer ser um líder de custo ou que ter uma única proposta seria útil; outra bem diferente é reduzir os custos para uma faixa abaixo dos seus melhores concorrentes ou encontrar um pacote de características que os clientes valorizam como únicas e que concordam em pagar mais para usar.

A *liderança de custo* depende em parte dos rendimentos de investimento e de você mostrar que sua estratégia (no papel e operacionalmente) devolve mais aos investidores do que uma estratégia alternativa. Se você pode demonstrar rendimentos superiores ao dinheiro investido em sua estratégia, então vai receber os recursos de que sua estratégia precisa. Isso já é uma forma de sucesso, pois reduz os recursos disponíveis para estratégias competidoras na sua empresa e em outros lugares. É o sucesso que pode ser incrementado com o tempo de maneira que alternativas e competidores achem mais e mais difícil obter investimentos enquanto seus investimentos crescem e reforçam sua estratégia.

A outra parte – mais óbvia – da liderança de custo é entregar operacionalmente seu produto ou serviço a um preço menor que o dos concorrentes. Isso exige a redução e o gerenciamento de custos; você precisa descobrir onde obter materiais, com que parceiros trabalhar, que técnicas de produção usar e ter uma cadeia de fornecimento precisa e disciplinada. Tudo isso é necessário para ter o custo como uma vantagem competitiva a longo prazo.

Além disso, você terá de considerar escalas de escala (quanto produzir de um item), escalas de escopo (quanto produzir de itens semelhantes). Ambas são maneiras tradicionais de reduzir custos.

Mas técnicas inovadoras como *Just In Time* (JIT), gestão *lean*, seis sigma, gestão de qualidade total (GQT), engenharia de processo de negócios (EPN) e melhoria contínua são outras maneiras de alcançar as mesmas metas.

Você precisa ser criativo e disciplinado. Consulte especialistas em redução, mas também considere uma gama de maneiras alternativas de alcançar os mesmos objetivos. A cadeia de roupas Zara, por exemplo, produz as roupas localmente em seus mercados na Europa e defende que eles se beneficiam de custos gerais menores e maior flexibilidade que seus rivais. Como estrategista, você precisa enxergar o quadro global (veja a página 75) e examinar os vários objetivos e contradições (às vezes) conflitantes.

O marketing é uma área que se beneficia da escala porque os custos de uma campanha e os gastos de mídia são divididos pelas vendas gerais de um produto. Pesquisa e desenvolvimento é outra área que pode se beneficiar, junto com aquisição de bens, serviços e matérias-primas, devido à escala e poder de barganha. Todos esses custos indivisíveis são motivo para apoiar a escala como parte de uma estratégia para alcançar (e manter) a liderança de custo.

Outra força indivisível da escala é que, uma vez que você conquistou a capacidade ou a experiência de elaborar um produto ou fornecer um serviço, essa capacidade se torna uma competência que pode ser usada de novo e de novo sem aumentar seus custos. É o benefício que a Apple ganha – por exemplo – em ter apenas um modelo do iPhone disponível por vez. As lições são aprendidas uma vez e aplicadas a outro produto que é produzido e vendido dezenas de milhões de vezes sem aumentar os custos. Os concorrentes – como a Nokia – têm maior variedade de produtos, então precisam dividir sua experiência e esforços de pesquisa entre todos eles. Isso aumenta os custos.

A diferenciação envolve algum tipo de oferta única. Você está tentando descobrir uma característica do seu produto ou serviço que o faz diferente e mais valioso do que produtos competidores. Você pode até encontrar algo que torne o seu produto único, impossível para qualquer concorrente competir diretamente com ele.

O primeiro desafio é o da imaginação. Para diferenciar seu produto de alguma forma, é necessário criatividade a fim de imaginar as diferenças que são possíveis e até mesmo aquelas que não são possíveis atualmente. Isso pode exigir uma gama de técnicas de criatividade, perspectivas externas e vários tipos de competência. Em seguida, você tem de ser capaz de imaginá-las fazendo uma diferença que é valorizada pelo consumidor o suficiente para ele pagar por ela.

É possível descobrir que as diferenças não são tão atraentes a ponto de justificar os custos adicionais de produzi-las. Ou descobrir que a novidade não é apreciada – talvez seja até temida ou vista como atributo negativo de sua oferta ao mercado.

Se as diferenças não são obviamente melhores do ponto de vista do cliente, então haverá custos para mudar a mente dele por meio de marketing – isso exige tempo, sem nenhuma certeza de sucesso.

A reputação de sua empresa e a percepção de sua marca também podem ser um diferenciador. Algo tão simples quanto confiança ou atendimento ao cliente, ou extras adicionais que fazem valer a pena trabalhar com você. Cada esquema de lealdade ou campanha de publicidade é uma maneira de tentar se diferenciar.

Essa é uma mistura de características tangíveis e intangíveis e, se você acertar, as pessoas vão preferir comprar seu produto em vez do de outro fornecedor porque o fato de estarem associadas à sua marca faz com que se sintam melhor, ou porque é mais agradável lidar com sua empresa.

Sucesso

Entender as fontes da vantagem competitiva é um começo. Isso realmente o ajuda a tomar decisões e a criar estratégias eficientes se você for capaz de usar estratégias genéricas como ferramenta

– elas podem ser empregadas de forma criativa para esclarecer a posição atual. Examine movimentos estratégicos alternativos para ver como eles afetariam suas intenções de custo, diferenciação e foco.

Sua estratégia deve tornar claro como a intenção se transforma em vantagem competitiva. Uma coisa é dizer que você vai ser o melhor do mundo em certa indústria; outra bem diferente é explicar como isso se reflete em custo, diferenciação e foco.

Ela será ainda mais poderosa se você usar cenários e jogos estratégicos para mostrar como obter certas vantagens que vão criar um círculo virtuoso ou um caminho de vantagem competitiva. Esse é o pensamento estratégico real, quando todas as consequências são pensadas para fornecer novas possibilidades em cada estágio.

Idealmente, você vai descobrir vantagens competitivas que têm benefícios diretos para grupos de clientes que geram (muito) mais valor do que custa para você atendê-los. Você vai identificar um lugar para concorrer que é menos competitivo, seja porque não é contestado, seja porque sua estratégia vai diferenciá-lo tanto que seus concorrentes não poderão competir. Você quer encontrar algo que lhe dê tempo suficiente para construir uma cadeia de vantagens competitivas.

Sinais do seu sucesso como estrategista

- Identifique como você se compara aos outros no que se refere a custo, diferenciação e foco.

- Encontre novas maneiras de competir nessas três áreas genéricas.

- Considere como essas fontes de vantagem competitiva podem ser combinadas.

- Busque criar círculos virtuosos ou cadeias de vantagens competitivas que ofereçam novas oportunidades para você e que os concorrentes tenham dificuldade para imitar.

- Encontre maneiras de proteger suas vantagens.

Armadilhas

Você pode descobrir que outros concorrentes estão tentando se diferenciar, mas já estão fazendo isso melhor do que você. Seus esforços podem custar demais para valer a pena. Os clientes podem não ficar tão impressionados com sua diferenciação; seus esforços para controlar custos podem ser minados por eventos, circunstâncias, fracassos tecnológicos ou avanços dos concorrentes.

Você precisa se assegurar de que a companhia não depende demais de uma única vantagem competitiva. Deve haver adaptabilidade para que você possa reagir aos reveses sem perder a empresa. A maioria dos negócios é baseada em compromisso e múltiplos cenários que permitem continuar trabalhando em várias fontes de vantagem competitiva.

A capacidade de executar sua estratégia importa mais do que nunca se você está investindo em recursos que só dão resultado se você se tornar o menor custo ou o produto ou serviço mais individualizado.

Checklist do estrategista

- Considere o que você oferece ao mercado. Há alguma vantagem competitiva? Alguma dessas vantagens é de longo prazo?

- Examine as vantagens dos outros participantes no mercado. Como você se compara a eles em termos de custos? Há alguém que parece ser um líder de custos? Como você se compara em diferenciação? Vocês são praticamente a mesma coisa ou alguém é diferente o bastante para poder cobrar mais por seu produto?

- Explore criativamente como você consegue a vantagem competitiva em cada uma das três áreas genéricas. Como você reduz custos? Como fornece algo de valor que o diferencia e que lhe permite vender mais ou aumentar as margens?

- Pense em como as vantagens podem ser combinadas para produzir um ciclo competitivo virtuoso. Você pode fazer algo a curto prazo que aumente as margens? Consegue usar as margens para investir em maior diferenciação?

- Reserve um tempo para olhar criativamente e entender como as lições de outras indústrias podem ser aplicadas à sua. Como você pode mudar radicalmente os modelos de negócio? Como pode reverter as suposições de uma maneira que lhe dê uma vantagem competitiva sustentável

Ideias relacionadas

Em seu livro *Empresas feitas para vencer*, Jim Collins defende que pequenas melhoras podem com o tempo criar um tipo de efeito dominó. Cada um fornece impulso para o próximo até que a vantagem geral é suficiente para sobrepujar os concorrentes. Você não tem de começar grande; você pode trabalhar nas pequenas vantagens, compreendê-las e então combiná-las gradualmente. Estas se tornam suas competências fundamentais, trabalham juntas no tipo de cadeia de valor descrita na página 212 e – como você levou tanto tempo para desenvolvê-las – são difíceis de imitar.

Decisões e escolhas estratégicas

Sua empresa é uma coleção de decisões – você tem de escolher seu mercado; precisa decidir quais devem ser seus produtos. Cada parte do negócio é o resultado de ações e todas essas ações têm decisões ligadas entre si. Estratégia tem a ver com decisões.

Frequência – Depende das decisões.
Participantes-chave – Primeiro a liderança.
Avaliação de estratégia ****

A Coca-Cola de hoje é resultado de cada decisão que ela já tomou. No século 19, seu fundador decidiu desenvolver uma versão não alcoólica de uma bebida existente – coca de vinho – em resposta à Lei Seca nos EUA. Ele afirmava que era um remédio que curava muitas doenças. Em 1887, decidiu vender a empresa para um grupo que incluía Asa Griggs Candler, que mostrou ser um gênio do marketing.

Em 1985, a gestão decidiu lançar a New Coke, que se mostrou impopular. Dentro de três meses, decidiram voltar à fórmula original. Em 2009, optaram por diversificar lançando bebidas saudáveis, entre outras coisas investindo na fabricante de smoothies Innocent.

Em 2011, a Coca-Cola resolveu introduzir uma máquina quase mágica de "faça sua bebida" conectada com sites de mídia social como Facebook para que os consumidores pudessem compartilhar suas criações com o mundo. A Coca-Cola de amanhã é o resultado das decisões tomadas hoje e ontem.

Objetivo

A estratégia é uma torrente de decisões e ações. Algumas decisões são bem informais. Outras, bem formais. Algumas decisões terminam mal. Outras, bem. Algumas decisões abrem possibilidades, enquanto outras as fecham. Como estrategista, você pode influenciar ou tomar decisões.

Há várias forças que limitam sua gama de decisões, por isso é bom estar ciente de como elas podem ser influenciadas. Algumas pessoas defendem que a estratégia é a arte do possível: você só pode realmente escolher entre opções que já são possíveis no mundo como ele é hoje. Mas a estratégia também pode usar o que é possível agora para fazer no futuro coisas que atualmente se mostram impossíveis.

Contexto

Cada companhia começa com uma decisão (como o exemplo da Coca-Cola) e toda a história da empresa é composta de grandes e pequenas decisões, que geram grandes ou pequenas consequências. Você só descobrirá se uma decisão foi inteligente ou útil *depois* de tê-la tomado.

Decisões estratégicas são voltadas para o quadro global (veja a página 75), mas algumas grandes decisões podem ter um impacto pequeno, e com frequência há decisões pequenas que têm um impacto grande (ou estratégico). Há também decisões que parecem ser urgentes e outras que parecem menos urgentes.

Pode ser útil examinar decisões para ver que tipo de prioridade pode ser dado a elas, mas convém lembrar que sua importância pode mudar e que tipos diferentes de decisão influem de maneiras diversas na estratégia. Vale a pena perguntar se uma decisão é estratégica porque vai:

- Realizar coisas específicas.

- Sobrepujar a concorrência.

- Ser parte de um padrão estratégico.

- Fixar a posição da companhia.

- Pôr em risco (ou salvar) o futuro da companhia.

Esse último ponto é o principal. Se uma decisão vai pôr em risco ou salvar o futuro da companhia, então você quer que ela seja correta. Essa é a decisão mais importante – então é a decisão mais estratégica. Se você tiver como lidar com a decisão caso ela se revele errada, então pode tomar a decisão mais confortavelmente. Se não tem, então está fazendo uma aposta arriscada, mas talvez necessária (veja a página 246).

Desafio

É impossível tomar a decisão perfeita, mas vale a pena tentar tomar decisões mais inteligentes. O desafio é se assegurar de que você está tomando decisões suficientemente rápidas para que as ações necessárias sejam realizadas.

A tomada de decisões não é completamente racional ou objetiva; você nunca tem toda a informação de que precisa e suas decisões serão sempre baseadas em considerações subjetivas – e muitas delas serão invisíveis até para você.

Você vai juntar fatos que apoiam seu argumento (e ignorar qualquer coisa que ameace sua posição). Decisões podem ser inconsistentes porque você não consegue se lembrar exatamente como decidiu da última vez. Você pode ver padrões que não existem de verdade ou achar que há um elo entre causa e efeito que não é verdadeiro. Seu otimismo ou pessimismo vai afetar suas decisões.

- Você já considerou o outro lado de seu argumento?

- Você está tomando decisões com base no que sempre fez?

- Que suposições está usando? Você as testou?

- Os fracassos são baseados em boa/má sorte? Ou em decisões boas/más?

- Que papel o otimismo ou pessimismo representa na sua decisão?

- Suas decisões são baseadas numa visão exata do longo e do curto prazo?

Outro desafio é tomar decisões rápido o suficiente para valer a pena. Uma decisão imperfeita pode dar início a uma atividade, o que é melhor do que não fazer nada, ou nenhuma decisão pode ser melhor do que desperdiçar tempo e recursos.

- O que vai acontecer se você não tomar uma decisão?

- O que vai acontecer se você tomar a decisão errada?

- A decisão vai criar mais oportunidades?

- A decisão vai limitar oportunidades futuras?

A boa notícia é: pensar sobre como você toma decisões vai ajudá-lo a tomar decisões melhores. Vai aperfeiçoar sua capacidade de lidar de forma flexível com as consequências dessas decisões e envolver pessoas nas suposições nelas embutidas, de modo que possam se adaptar quando elas mudarem.

Sucesso

Como líder, você precisa tomar decisões estratégicas – é um dos seus papéis mais importantes. Se você não tomar decisões, então haverá consequências: as pessoas podem não saber o que fazer – há confusão sobre que direção tomar; elas podem não fazer nada porque estão esperando uma decisão; ou podem todas fazer coisas diferentes, levando ao desperdício e a ações ineficientes.

Você sabe que está ficando melhor em tomada de decisões estratégicas quando tem um ideia mais clara de quando uma decisão é estratégica. Você verá oportunidades e ameaças nas consequências de tomar uma decisão. Você terá um sistema de prioridade – na sua cabeça ou no papel – que ajuda a organizar decisões.

Você também estará ciente de vieses potenciais. Pense por que uma decisão foi tomada. Tente ver pontos de vista diferentes. Submeta-os a críticas duras. Reverta suas suposições. Considere se as decisões estão levando a um declínio estratégico. Se você continuar a usar padrões semelhantes de decisões, sua empresa vai acabar?

Armadilhas

Sinais do seu sucesso como estrategista

➤ Você está ciente dos tipos diferentes de vieses.

➤ As decisões são tomadas num sistema que prioriza sua urgência e impacto.

➤ As suposições são abertas, de maneira que as pessoas possam apoiá-las ou desafiá-las.

➤ A flexibilidade está embutida na maneira como você lida com as consequências das decisões.

➤ Suas decisões abrem possibilidades que levam a novas oportunidades.

Pensar sobre decisões pode desacelerar a companhia. As pessoas começam a pensar demais sobre o que estão decidindo. Elas podem se preocupar com as consequências ou começar a desperdiçar tempo aplicando modelos e sistemas. Envolver grupos maiores em decisões pode ser bom para aumentar a participação, pode ser útil para gerar ideias, mas não se deve permitir que isso resulte em não tomar nenhuma decisão. A meta não é estancar as decisões, mas tomar decisões mais inteligentes.

Checklist do estrategista

■ Use uma das ferramentas de tomada de decisão para examinar aspectos diferentes de decisões.

- Explore decisões que são tomadas. Elas são urgentes? Elas são importantes? Que decisões foram adiadas por anos? Por quê?

- Como você pode aumentar seu conhecimento sobre uma tomada de decisão? Algumas decisões são fáceis de tomar quando se tem experiência.

- Questione padrões de decisões que são muito semelhantes. Eles estão levando a companhia para um lado perigoso? Todo mundo está pensando da mesma maneira por hábito? O que acontece se você reverter a lógica das decisões?

- Esteja ciente de que decisões têm um aspecto habitual, político e caótico. Decisões podem ser tomadas por muitos motivos emocionais e podem ser ignoradas por muitos motivos emocionais.

Ideias relacionadas

A pesquisa de David Hickson concluiu que o sucesso de uma decisão estratégica não é determinado automaticamente por *quanto tempo* leva para que ela seja tomada nem por *quanto tempo* ela demora para ser posta em prática. Outros, como Constantinos Markides, defendem que ser o segundo pode ser melhor que ser o primeiro. Esperar lhe dá a chance de tomar a decisão certa, porque você pode aprender com a decisão de outros.

A coisa mais importante é pensar de maneira estratégica e flexível sobre como as decisões são tomadas, de modo que, mesmo quando a decisão errada é tomada, suas ações possam consertá-la (veja as páginas 181 e 189).

Adaptando-se a seu ambiente competitivo

Sua estratégia vai depender – em parte – de quão bem ela se encaixa na situação competitiva. Mercados estáveis em que a concorrência é baixa podem exigir uma abordagem diferente da de mercados caóticos em que a concorrência é baixa. A abordagem para a situação não é fixa, mas precisa se encaixar.

Frequência – De maneira contínua.
Participantes-chave – Todos.
Avaliação de estratégia ****

Em 2002, o Walmart se tornou a maior companhia do mundo em faturamento. Em 2010, ele faturou US$ 421 bilhões (US$ 50 bilhões mais do que a Exxon, o segundo lugar). Ele agora tem 8.500 lojas no mundo todo.

O Walmart se tornou a maior companhia do mundo seguindo uma fórmula de grande valor cotidiano, apoiada por uma cadeia de fornecedores eficientes. As regras para o sucesso eram impostas de forma centralizada para garantir uma expansão rápida. A empresa se adaptou melhor a um ambiente competitivo primariamente americano, no qual os movimentos dos concorrentes e o gosto dos clientes eram conhecidos.

O crescimento do Walmart levou a novos desafios. Ele está encarando novos competidores agressivos em seus mercados nativos. Sob pressão para crescer, teve de entrar em mercados que não lhe eram familiares – como centros urbanos –, onde suas regras para o sucesso não necessariamente funcionam. Ele também teve de lidar com ações sofisticadas de concorrentes, como a Target. Para crescer, sua abordagem se tornou mais flexível, com alguma autonomia concedida a fim de alterar o modelo dominante.

Objetivo

Para tentar se adaptar às exigências de um mercado, é útil descrever o ambiente competitivo que você está encarando. O modelo das 5 forças (veja a página 206) ajuda a identificar as atividades de competidores existentes, novos participantes, fornecedores, produtos e serviços substitutos e clientes. Outros modelos incluídos no kit de ferramentas ajudam a definir vários aspectos do mercado.

- Que nível de competição você está encarando?

- O nível de competição está aumentando ou diminuindo?

- As ações dos concorrentes estão se tornando mais ou menos certas?

O próximo passo é considerar que tipo de organização você tem, e se ela se encaixa bem no desafio competitivo que você enfrenta. O pressuposto é que ambientes altamente competitivos precisam de organizações altamente adaptáveis. O pressuposto é que você quer que sua estrutura envolva pessoas, seu estilo de liderança seja mais informal e sua cultura seja aberta a mudanças – de fato mostrando receptividade. Mas não é tão simples.

Contexto

Uma abordagem para lidar com incerteza e altos níveis de competição é realizar ações no sentido de criar uma organização mais orgânica.

Essa é a receita orgânica padrão. A descentralização move as decisões do escritório central para a unidade (ou mesmo para a linha de frente). Faz-se uma tentativa de aumentar a informalidade. As pessoas relevantes podem contribuir com base no seu conhecimento (e interesse) e não em sua posição na hierarquia.

Seguindo essa abordagem, a resposta para lidar com certeza e níveis mais baixos de competição é criar uma organização mais mecânica.

Também há uma receita mecânica padrão. A centralização arrasta as decisões de volta da linha de frente para o escritório central (ou mesmo de volta para o CEO). Faz-se uma tentativa de aumentar a formalidade. São implementados hierarquia, formulários, padrões e processos que buscam controlar as contribuições e ações.

Ambos são pontos de partida úteis para compreender possíveis respostas a níveis diferentes de competição e incerteza.

- Com que tipo de organização você está trabalhando?

- Que tipo de ambiente competitivo você está enfrentando?

- Há um bom encaixe?

- Há conflitos óbvios?

- O que poderia ser feito para criar um encaixe melhor?

Na realidade, não há um encaixe simples entre um tipo de ambiente e um tipo de organização. Há mais critérios a serem considerados tanto para o ambiente quanto para a organização, e a combinação que leva ao sucesso não é óbvia.

Desafio

Um desafio é que receitas-padrão raramente conduzem a uma vantagem competitiva. Se todo mundo busca seguir a mesma receita, então isso apenas reduz a diferenciação e – sem querer – aumenta a concorrência direta.

Na prática, também é impossível para todo mundo seguir a mesma receita de maneira idêntica, então automaticamente haverá níveis variados de orgânico e de mecânico. A chave é entender essas diferenças como oportunidades.

Idealmente, você quer saber mais sobre seu ambiente do que apenas sobre seus níveis de competitividade e incerteza. Você quer saber como seu ambiente de mercado funciona; seu formato, ritmo e peculiaridades. Então, pergunte-se:

- Independentemente do mercado, sua companhia está indo bem? Seu desempenho está aumentando ou diminuindo? Ele tem sido constante ou variável? Suas escolhas têm um impacto de sucesso além das tendências gerais do seu mercado (veja a página 81).

- Que condições de mercado estão além do seu controle? Se ninguém quer seu tipo específico de produto, então você tem de começar a fazer algo diferente ou descobrir como mudar o mercado. Se há uma recessão global, você precisa encontrar maneiras de prosperar, mas não pode reverter sozinho a recessão.

- O que explica o desempenho da companhia? Você pode de alguma maneira comparar sua empresa com as de seus rivais. Quais são seus custos? O que os consumidores querem? O que os competidores estão fazendo? Como a indústria está indo? Quais são seus pontos fortes e fracos? (veja a página 204).

A análise de custos lhe dá uma ideia melhor de como estes funcionam dentro da companhia (e da indústria). Ela envolve algumas técnicas microeconômicas para responder a perguntas valiosas. Em comparação com seus concorrentes:

- Seus custos são mais baixos ou mais altos?
- Seus preços são mais baixos ou mais altos?
- Seus rendimentos nos investimentos são mais altos ou mais baixos?
- Há coisas melhores que você poderia estar fazendo com seu dinheiro?
- Há certos custos fixos que o impedem de mudar preços ou lucros?
- Como seus custos variáveis se comparam?
- O que pode ser mudado sobre a estrutura do custo no curto e no longo prazo?

- Em que ponto você alcança rendimentos decrescentes se investir mais?

- Quanto mais pode ser investido para se beneficiar de maior eficiência de economias de escala e economias de escopo?

A análise de demanda lhe fornece uma ideia melhor do comportamento do consumidor em relação a valor e preço. Ela também envolve técnicas microeconômicas para responder a perguntas valiosas:

- A demanda aumenta ou cai quando você aumenta ou diminui os preços?

- O que pode ser feito para mudar a elasticidade da demanda a seu favor?

Normalmente, quanto mais alto o preço, mais baixo o número de clientes pagadores, mas essa não é toda a história. Produtos diferentes têm uma elasticidade de demanda diferente: os preços de álcool e de combustível têm de mudar muito antes de haver qualquer diferença na demanda – no nível da indústria – porque há poucas alternativas. Mas, na base da companhia, se não há diferença entre o que você e os competidores oferecem, então o preço importa de verdade. É por isso que pode ser tão valioso seguir uma estratégia de diferenciação – você pode manter os preços mais altos sem perder a receita geral.

Uma situação em que só há um preço possível para um produto é incomum. Essa competição perfeita exige informação perfeita, bem como a venda de produtos idênticos, incluindo o local onde eles estão disponíveis e a maneira como são vendidos. Mas com o aumento da competição on-line e a transparência de informação, agora é mais difícil para as companhias cobrarem preços múltiplos para o mesmo produto.

A análise de mercado lhe dá uma compreensão melhor do formato da concorrência que você tem de encarar. Ela faz perguntas valiosas que vale a pena considerar:

- Quantas companhias competem no mercado?

- Qual é a estrutura do mercado?

■ Quão diferentes são os produtos e serviços?

Você pode estar encarando a competição perfeita com muitas companhias e nenhuma chance de diferenciação, mas é mais provável que esteja encarando uma competição imperfeita, porque, embora haja muitas companhias, você encontrou maneiras de ser diferente. Você pode estar lidando com um oligopólio, em que há poucos competidores com nenhuma diferenciação. Também pode estar numa posição dominante na qual, devido à diferenciação, reduziu seus concorrentes efetivos.

Sucesso

Você teve progresso quando entendeu a natureza do seu mercado e de seu ambiente competitivo. Você quer conhecer o nível da competição, o número de competidores, o nível de estabilidade e as possibilidades de inovação.

Também quer entender mais sobre as características de demanda de seu tipo de produto. Quer saber o que é provável que aconteça se aumentar ou diminuir o preço. Também quer saber o que poderia fazer para mudar as características de custo da companhia de maneira que possa mudar preços sem prejudicar sua margem de lucro. Você pode até chegar a um ponto de liderança de custo (veja a página 208) que lhe permite usar muitos jogos estratégicos (veja a página 113).

Você também vai lembrar que toda essa análise possibilita descobrir maneiras mais eficientes de alcançar suas intenções estratégicas globais. Ou descobrir intenções estratégicas que cumpram seus objetivos gerais. Sua meta é encontrar um modo de diferenciar seu produto ou colocar a companhia numa posição de forma que possa ser bem-sucedida apesar da falta de diferenciação. Ambas as opções estão abertas.

Você também vai pensar cuidadosamente sobre como sua organização lida com as demandas de seu ambiente competitivo e de sua intenção estratégica. Você é lento quando deveria ser rápido? É caótico quando deveria ser estável?

Sinais do seu sucesso como estrategista

→ Sua equipe tem um entendimento básico das dinâmicas competitivas com que vocês se defrontam?

→ Sua companhia entende as diferentes opções e escolhas organizacionais.

→ Análises de demanda, mercado e custos dão a você mais opções para estratégia.

→ Você está procurando maneiras de criar estratégia e modelos de negócio que possam diferenciá-lo o suficiente para que haja crescimento.

Armadilhas

É inteiramente possível ser bem-sucedido sem uma análise detalhada e é possível que a falta de análise ocorra de maneira que seu conhecimento detalhado tome o lugar da ação efetiva. A estratégia tem a ver com moldar o futuro muito mais do que com entender modelos e técnicas econômicos. Então, tome cuidado para não se perder em modelos econômicos – ou para não se tornar difícil de entender justamente porque fala na linguagem dos modelos econômicos.

Checklist do estrategista

■ Discuta seu estilo organizacional, abordagem de liderança, estrutura e cultura. Pense em como esses elementos são apropriados ou inapropriados, úteis ou inúteis para seus desafios estratégicos. Não há visões perfeitas de mecânico ou orgânico. Há apenas o que funciona e o que não funciona.

■ Explore o que conceitos e técnicas microeconômicos podem oferecer. Tenha cuidado para não se perder em detalhes de análise. Com frequência, uma experiência profunda com um negócio pode proporcionar às pessoas um entendimento das dinâmicas de custo e demanda. Use tanto as análises quanto a experiência para desafiar suposições, mas tente não cometer enganos óbvios por falta de conhecimento.

- Não aceite muito facilmente o conhecimento considerado óbvio pelo mercado. Há sempre maneiras de fazer crescer um mercado mudando algum aspecto de seu negócio ou modelo de negócio. Seu produto pode ser vendido para outro mercado ou consumidor. Você pode vendê-lo de uma maneira diferente. Pode até usar seus recursos e capacidades organizacionais já existentes para fazer algo completamente diferente.

- Pense no que poderia acontecer se um concorrente ou um novo participante mudasse a dinâmica de mercado com que sua companhia está acostumada. Como você se adaptaria? Você conseguiria sobreviver? Isso iria ajudá-lo ou prejudicá-lo (veja a página 81).

- Use o kit de ferramentas do estrategista e os princípios ao longo deste livro para encontrar nichos, abordagens competitivas e combinações únicas de produto, preço, posicionamento e planos para mudar as regras a seu favor. Tudo, da propaganda à eficiência, ao design, à experiência do cliente, pode ajudá-lo a se adaptar com sucesso às demandas do mercado.

Ideias relacionadas

Tom Burns e George Stalker deram origem aos termos mecânico e orgânico. O livro deles – *The management of innovation* – defende uma visão de contingência da estratégia. Se você seguisse os conselhos deles, passaria para uma organização mais orgânica conforme os níveis de incerteza aumentassem. Sua visão ajuda a chegar a uma estratégia bem-sucedida, mas há outras maneiras de examinar as diferenças entre mercados, e elas serão discutidas mais tarde neste livro.

parte

quatro

Vencendo com estratégia

A estratégia é o caminho que você tem de percorrer para chegar onde você gostaria de estar, ou ao menos para aproveitar o melhor de onde você está. E isso significa vencer com estratégia. Você não tem de ganhar a todo custo e não tem de jogar um jogo no qual só há um vencedor e um bando de maus perdedores. Vencer com estratégia pode significar concorrer diretamente. Também pode significar usar os recursos e ferramentas disponíveis para ficar à frente de outro. Para alguns, isso significa fazer o que for preciso para destruir a concorrência, mas isso depende da ética das pessoas que usam as ferramentas de estratégia. Você não tem de ser destruidor ou vingativo; use a estratégia para vencer criando valor.

Os estrategistas podem escolher criar novos mercados em vez de chegar ao topo daquele em que se encontram. O estrategista ético pode deliberadamente limitar certas opções porque elas são não éticas. O estrategista compassivo pode encontrar maneiras de vencer que ajudam comunidades e pessoas que dispõem de um poder mínimo. O estrategista criativo pode juntar artistas e engenheiros para produzir algo belo que vai melhorar a vida de outras pessoas.

A estratégia não é algo só para MBAs e consultores de gestão, é uma coleção de maneiras diferentes de entender o presente para moldar o futuro. Portanto, você pode descobrir o que faz melhor e tentar encontrar seu espaço num mundo atarefado que talvez não perceba o que você está oferecendo.

Há uma porção de ótimas ideias que nunca se tornam reais porque as pessoas que as têm não sabem como conseguir apoio para realizá-las. Compreender a linguagem da estratégia ajuda a conseguir os fundos e recursos de que você precisa.

Examine o kit de ferramentas do estrategista. Você pode explorar como as diferentes partes de uma organização se encaixam numa cadeia de valor. Algumas pessoas não gostam das palavras, mas o modelo funciona porque é uma simplificação poderosa do mundo real. O que cada pessoa e cada departamento fazem pode aumentar ou diminuir o valor total do que você lhes oferece.

E, além de seus escritórios, também é importante a maneira como você se encaixa no trabalho de outras pessoas. Você pode aprender como unir o melhor do que faz (competências essenciais) ao melhor do que as outras pessoas fazem. E pode pensar em como levar sua organização a crescer de modo que ela possa dar uma contribuição. Se você quer mudar o mundo, a estratégia ainda é o caminho mais curto dos meios para os fins.

Vencendo jogos de estratégia

Algumas vezes, a estratégia tem a ver com competição. Não é a única maneira de jogar o jogo, mas é uma escolha de que você dispõe. Você pode escolher uma variedade de estratégias para ganhar de maneira decisiva. É ainda mais valioso criar um círculo virtuoso de crescimento e vantagem.

Frequência – Considere jogos diferentes regularmente.
Participantes-chave – Você e sua equipe.
Avaliação de estratégia ****

Sam Palmisano, ex-Ceo da IBM, acreditava em usar a pesquisa para "ficar à frente do óbvio". Ele fez um uso ousado de insights não óbvios para lançar importantes iniciativas estratégicas. Ele afirmava: "Eu não perco mais tempo com pesquisa de mercado" porque "as estimativas nunca vão estar certas, já que tudo que fazem é pegar o passado para prever o futuro".

Exatamente no ponto em que seus concorrentes estavam temerosos, ele investia e apostava em novas áreas. Estas incluíam um trabalho engenhoso para "cidades mais inteligentes" que dirigiu a experiência em computação da IBM para a solução de problemas complexos de sistemas de transporte e planejamento urbano. Eles identificaram tendências-chave, incluindo o reequilíbrio da economia global, computação móvel e computação em nuvem e incentivaram seus clientes empresariais a inovar nessas áreas.

Suas decisões estratégicas evitaram a concorrência direta e criaram vantagens decisivas. Por exemplo, fizeram da computação para solução de problemas sociais sua própria arena de um modo que se tornou difícil para qualquer outro fazer melhor. Mais uma vez, eles escreveram as regras pelas quais os outros têm de jogar.

Objetivo

Costuma ser fácil conversar sobre vantagem competitiva, mas com frequência é difícil na prática ir além de conceitos tão simples quanto dispor dos menores custos ou ter uma característica de produto única.

Depois que você trabalhou muito para conseguir uma vantagem competitiva, pode ser ainda mais difícil manter essa vantagem. Outra pessoa pode reduzir o preço – melhorando a produtividade, encontrando funcionários mais baratos ou apenas aceitando margens de lucro menores – ou um concorrente pode simplesmente copiar sua característica única de produto.

- Como transformar vantagens temporárias em vantagens decisivas?

- O que pode fazer para criar espaço entre você e seus concorrentes?

- Como um círculo virtuoso de crescimento e vantagem pode ser estabelecido?

Pensar como um estrategista (veja a Parte 1) é essencial para se conectar a uma torrente de ações de modo que os concorrentes não entendam e não consigam se equiparar. Cada ação bem-sucedida deixa você num lugar melhor para dar ensejo à próxima ação. Você junta mais recursos e mais possibilidades com as quais pode construir melhorias ainda mais significativas e benefícios mais difíceis de copiar.

Isso não significa desrespeitar leis ou ser antiético – também não se trata de ser ganancioso –, mas sim ligar os pontos. Isso representa passar das vantagens e do valor básico oferecido ao cliente para vantagens e valores mais profundos. Isso é bom para os clientes e só pode ser alcançado criando uma vantagem decisiva.

Contexto

Embora a combinação exata de estratégias que você deve usar tenha de ser única, há componentes e estratégias de exemplo com as quais pode trabalhar. Há menos coisas escritas sobre elas do que sobre outros aspectos da estratégia, o que enfatiza o valor delas para você como estrategista.

Superar concorrentes com uma energia focada pode criar o espaço de que você precisa. Se sua companhia se lança de uma maneira organizada e focada, isso pode constituir uma surpresa muito grande para seus concorrentes, a ponto de eles se mostrarem incapazes de reagir.

Explore exceções que seus concorrentes não entendam ou não estejam motivados a procurar. Cuidar de não clientes é uma abordagem para encontrar exceções (veja a página 252). Ir a campo e procurar por insights, problemas e contradições é outra (veja a página 254).

Ameaçar o lucro de concorrentes é uma maneira de distraí-los e enfraquecer sua posição financeira, mas também pode deixá-lo num jogo negativo no qual cada um de vocês perde dinheiro de maneira progressiva. É uma forma de encorajar um concorrente a recuar e deixá-lo desfrutar de menos competição, mas há outras abordagens mais positivas.

Criar sua própria versão tem tudo a ver com melhorar ideias existentes. Você pode começar com uma cópia básica, mas logo desloca sua ideia de forma imaginativa para além do conceito original. A Target fez isso com o Walmart, que fez isso com o K-Mart. A Apple fez isso com a Microsoft com seu iPad.

Romper compromissos compreende explorar exceções e criar sua versão. Se você puder encontrar uma regra que todo mundo cumpre, e então quebrar essa regra com sucesso para beneficiar seus clientes, vai ser uma vantagem decisiva. Os hotéis Four Seasons usaram artigos de higiene pessoal gratuitos para hóspedes como base de seu sucesso duradouro. Primeiro, porque nenhum outro hotel oferecia os mesmos benefícios e, segundo, porque ganharam uma reputação de ótimo serviço ao cliente.

Desafio

Implementar cada uma das estratégias acima – e outras seme- lhantes – é difícil. Sobrepujar um concorrente envolve um nível de organização difícil de alcançar. E você tem de arriscar de que esse seja o momento certo e a aposta certa.

De maneira semelhante, ameaçar o lucro dos concorrentes pode ser bem custoso. O ideal é usar isso de maneira defensiva para mantê-los longe de suas áreas de lucro ou apenas para ameaçar o lucro em segmentos de mercado que eles estão felizes em deixar porque lhes parecem sem atrativo. Isso cria um dilema para seu concorrente, que sabe que você quer o mercado, mas não quer competir por ele.

Explorar exceções, criar sua própria versão e quebrar compro- missos: tudo se baseia na capacidade de ter insights únicos. Esses insights vêm de uma combinação de criatividade e habilidade que exige investimento de tempo e dinheiro. Seus primeiros esforços podem ser mais fáceis de copiar do que você imaginava ou menos capazes de criar demanda do que você esperava.

Use o kit de ferramentas do estrategista como parte das atividades de equipe para representar cenários no qual você se desloca de onde está agora por meio de fases sucessivas de vantagem competitiva, imaginando como as vantagens de um estágio abrem possibilidades para o próximo.

Sucesso

Você vai saber que está ficando melhor quando estiver confiante para falar sobre os diferentes tipos de jogo estratégico. Você aprenderá a usar o kit de ferramentas do estrategista para identi- ficar oportunidades que seus concorrentes vão achar difícil explorar.

Você reconhecerá os perigos de tais estratégias de jogo duro usadas contra sua companhia e pensará em uma resposta para elas. Como você vai lidar com algo que ameace seus lucros? Como vai reagir de maneira eficiente a tentativas de sobrepujá-lo? Quem são os concorrentes com maior probabilidade de jogar esses jogos? De que áreas você está se afastando porque parecem sem atrativos?

Sua equipe vai começar a ver a estratégia como uma mistura de pensar, planejar e *jogar*. Esses são jogos que exigem o máximo de seu raciocínio e planejamento, sem os quais constituem um desperdício.

Sinais do seu sucesso como estrategista

→ Os jogos individuais são entendidos em relação à estratégia geral.

→ As equipes usam os jogos para representar cenários como parte do planejamento.

→ Você não conta com jogos negativos e em vez disso usa seu conhecimento para se preparar para ataques dos concorrentes.

→ Uma vantagem competitiva cumulativa e decisiva é criada.

Armadilhas

Algumas estratégias são implementadas apenas para causar danos aos concorrentes. Elas se tornam tão negativas que mercados inteiros ficam presos numa espiral ruim de rendimentos decrescentes. Se você contar demais com estratégias negativas, sua companhia pode passar tempo de menos melhorando as ofertas por meio da inovação. Você também pode prejudicar a reputação da sua marca.

Checklist do estrategista

■ Explore como vantagens competitivas podem ser desenvolvidas resultando numa torrente de vantagens que reforce sua posição competitiva.

■ Considere ações que coloquem seus concorrentes em desvantagem e lhe deem tempo e recursos para investir na melhora de produtos e serviços, ou para investir em talento e recursos.

- Comece a pensar sobre estratégia como uma série de ações conectadas em vez de planos independentes.

- Formule uma campanha estratégica com sua equipe para aumentar o foco e o compromisso com a criatividade necessária para estabelecer uma vantagem (e uma contribuição) de longo prazo.

- Tenha cuidado para não depender de estratégias competitivas negativas – seu propósito deve ser proteger estratégias positivas.

- Considere sua resposta a concorrentes que usam esse tipo de estratégia contra você. Estar alerta pode evitar armadilhas e becos sem saída competitivos.

Ideias relacionadas

Em seu livro *Hardball – Jogando para valer,* George Stalk e Rob Lachenauer defendem que a vantagem competitiva não é mais suficiente porque dura muito pouco. A coisa mais importante é ganhar a capacidade de transformar a vantagem momentânea em vantagem perpétua. Isso muda com o tempo de uma estratégia de oceano azul (veja a página 226) para uma vantagem baseada em recursos (veja a página 214).

Criando novos mercados

Você não precisa competir exatamente nos mesmos mercados que seus concorrentes. Com imaginação e esforço, pode criar novos mercados que têm menos concorrência. Pode pegar produtos existentes e se concentrar em clientes não tradicionais, ou criar novos produtos para os clientes atuais, ou criar novos produtos para novos clientes.

Frequência – Examine com cuidado, ao menos anualmente.
Participantes-chave – Sua equipe.
Avaliação de estratégia ***

A Zipcar é uma companhia de compartilhamento de carros. Ela lhe oferece os benefícios de ter um carro sem as inconveniências. Não é um aluguel de carros no sentido tradicional, porque você pode usar o carro por períodos de tempo bem mais curtos. Não é ser dono de um carro, porque você não tem de lidar com imposto, seguro, manutenção ou a depreciação do bem. Para os donos da empresa, essa estratégia cria mercados menos concorridos, nos quais crescimento e margens mais altas podem ser alcançadas.

Objetivo

Competir no preço é perigoso. Mesmo que você venha a ser bem-sucedido em fornecer um custo menor, provavelmente terá reduzido o tamanho total e as margens em seu mercado. É mais atraente (embora difícil) competir criando novos mercados. Isso pode ser feito voltando a atenção para um nicho específico com produtos existentes *ou* tornando seu produto tão diferente que ele crie um novo mercado.

Contexto

É possível produtos idênticos gerarem lucros amplos. Há algumas commodities (petróleo, por exemplo), em que a matéria-prima tem um suprimento limitado e valioso mesmo na forma não processada, mas depois do processamento fica mais difícil criar margens altas se os produtos e serviços são idênticos.

De fato, não é do interesse de ninguém que todas as companhias forneçam um serviço ou produto idêntico para todos os consumidores – as organizações têm de competir no preço, o que leva a rendimentos gerais menores. Por outro lado, o cliente tem de aceitar produtos e serviços que são feitos para todo mundo em vez de algo projetado com exigências específicas.

Se há vantagens conquistadas por meio da experiência, o primeiro no mercado usufrui de benefícios potenciais. Se há vantagens conquistadas pelo tamanho, crescer de maneira agressiva gera benefícios potenciais. Se a experiência e o tamanho são combinados com os benefícios da especialização, então há uma forte tendência a se criar um monopólio.

- Como podemos nos especializar para criar um novo mercado?

- Como podemos nos beneficiar de nossa experiência para proteger nosso mercado?

- Como podemos nos beneficiar de nosso tamanho para proteger nosso novo mercado?

Você pode não querer uma situação sem nenhuma concorrência. Outros competidores podem ajudá-lo a criar o mercado, o esforço deles adicionado ao seu esforço pode habituar clientes potenciais sobre os benefícios de seu produto e de seu serviço. Você pode aprender com as ideias e erros deles. Eles também podem atrair fornecedores de que você precisa.

Mas, como parte da criação, você precisa olhar ao seu redor para os concorrentes em seus grupos estratégicos. O mais importante é entender o que eles pretendem e descobrir se têm tendência a reagir ou não em resposta a quaisquer movimentos estratégicos que você realiza. Faz sentido selecionar movimentos que sejam originais o suficiente para desencorajar os concorrentes de copiá-los de imediato.

Você pode querer lançar o novo produto ou serviço sem publicidade significativa para atrasar a resposta dos concorrentes tradicionais, alcançar os clientes atuais ou atrair novos clientes por meio dos atuais. Você também precisa examinar como companhias que não são concorrentes diretos vão responder. Há uma quantidade limitada de dinheiro dos consumidores para ser gasto, então você pode estar tirando dinheiro de outros, que responderão de maneira agressiva.

Companhias dominantes vão gastar gigantescas quantias de dinheiro para impedir inovadores de ficarem confortáveis em seus novos mercados Quando a P&G apresentou uma nova água sanitária – a Vibrant – num mercado de teste, seu rival imediato – a Clorox – comprou um galão de água sanitária para cada casa na área. Quando a Netscape introduziu um novo navegador, seu rival imediato – a Microsoft – deu seu produto competidor de graça para todos no mundo inteiro.

O motivo de pensar sobre novos concorrentes não é impedi-lo de criar um novo mercado, é criar estratégias que antecipem suas ações. Se o produto está sendo oferecido numa faixa de preço que não se mostra atraente para os jogadores dominantes, então é menos provável que eles façam algo a seu respeito. Se você oferecer algo realmente inovador, o preço será menos importante e vai levar mais tempo para eles responderem.

Um jeito particularmente bom de se fazer isso é simplificar um produto existente de maneira que o concorrente fique confuso, já que não consegue entender por que um produto com menos características é mais atraente do que o produto dele. Esse tipo de pensamento estratégico é o que permite a um produto inovador prosperar além dos jogos competitivos costumeiros do status quo.

Desafio

Você está procurando uma maneira de criar novos mercados

ou um novo espaço num mercado existente. Você quer inovar de uma maneira que crie maior demanda pelo tipo de produto ou serviço, ou quer encontrar um novo produto ou serviço para vender aos clientes existentes.

Em termos simples, isso pode vir ou de uma enorme vantagem de diferenciação ou de uma coleção de pequenas vantagens.

Se você é o primeiro a ter um produto significativamente melhor para um grupo específico de clientes e essas vantagens podem ser protegidas por lei (ou sigilo), então sua vantagem pode ser gigantesca. O problema é que encontrar e preservar tal vantagem é bem difícil e qualquer proteção que você venha a ter pode ser apenas temporária, à medida que contestações legais e tecnológicas sejam feitas contra sua posição.

Laboratórios farmacêuticos tradicionalmente dependem desse tipo de vantagem competitiva, mas isso tem se tornado mais difícil. Companhias de tecnologia também usam proteção de patentes, elas abrem processos e são processadas em resposta enquanto tentam conseguir alguma defesa contra concorrentes. A Apple, a Microsoft, o Facebook, a Amazon e a Nokia constantemente jogam o jogo jurídico.

Parte dessa atividade legal lhes permite ganhar tempo. A Apple protegeu certas características do iPod original, incluindo o anel de clique. Sem a proteção, ele teria sido copiado mais facilmente por concorrentes que conseguiriam até mesmo esconder algumas das outras vantagens do iPod. O mesmo é verdade em relação ao processo de compra em um clique da Amazon ou ao feed de notícias no Facebook.

Apesar disso, a maior parte das vantagens competitivas é algo que outras companhias não podem copiar por uma variedade de razões, ou algo que não copiaram ainda porque não tiveram tempo suficiente. Você conseguirá criar um novo mercado ou nicho se puder juntar várias vantagens que o posicionem de forma distinta de outras companhias.

Sucesso

O primeiro passo é encontrar uma vantagem competitiva que crie um novo mercado (segmento ou nicho). Você pode querer ir atrás de pessoas que não estão sendo compreendidas ou bem atendidas pelos concorrentes.

- Por que os produtos existentes não chamam a atenção dos não clientes?

- Como seria possível projetar novos produtos e serviços que fossem mais populares?

- Como poderiam ser revertidas ou modificadas as opiniões dos não clientes em relação a produtos existentes de modo que se mostrassem valiosos?

Você também pode examinar os clientes existentes com novos olhos:

- Como você poderia servir melhor os clientes existentes?

- Como você poderia servir de maneira diferente os clientes existentes?

Considere o exemplo da Levis, que vende jeans. Eles tentaram impedir que sua roupa fosse vendida em supermercados porque queriam manter a grande vantagem competitiva do valor de marca criado pela publicidade. Eles agora decidiram concentrar seus esforços criativos em servir clientes de novas maneiras para criar novos mercados. Por exemplo, investiram em pesquisa para descobrir novos cortes de jeans que servissem em formas de corpo diferentes. Essa marca de identificação de curvas concede uma vantagem competitiva porque cada cliente encontra um ajuste melhor.

Eles também começaram a trabalhar com especialistas em grupos de outros estilos de vida para conquistar insights de como criar jeans adequados a atividades diversas. Por exemplo, trabalharam num jeans e jaqueta projetados especialmente para ciclistas. Esse foco e essa atenção aos detalhes criam vantagens múltiplas e novos mercados dos quais os concorrentes nem estavam cientes.

A base da vantagem competitiva deles vem de suas habilidades fundamentais. Eles sabem como produzir em massa, distribuir e vender produtos de jeans. Esse conhecimento amplia suas habilidades centrais *e* seus mercados básicos ao se concentrar nas necessidades de grupos de clientes específicos.

De início, pense como criar crescimento oferecendo produtos para grupos em faixas de preço abaixo ou acima das de seus clientes principais. Vale a pena explorar o cliente de valor e o cliente de luxo (em relação a sua posição existente).

É por isso que a VW, por exemplo, oferece desde carros Skoda e Seat, numa ponta, para clientes preocupados com o preço, até Lamborghinis e Bentleys para clientes ricos. É essa combinação específica de preço, desempenho, experiência do cliente, design, publicidade e tradição que lhes permite buscar e criar novos mercados.

Sinais do seu sucesso como estrategista

➤ Você descobriu por que não clientes não compram produtos existentes.

➤ Você projetou um novo método de demonstrar valor a não clientes.

➤ Você revelou maneiras pelas quais clientes atuais estão sendo mal atendidos.

➤ Você criou um novo sistema de oferecer produtos e serviços especializados.

➤ Você combina o foco e a diferenciação para criar novos mercados e nichos.

Armadilhas

Pode ser que você confunda novos mercados com novas características. Nesse caso, você apenas continua acrescentando novas características que são voltadas para novos grupos de clientes, sem na verdade criar novo valor. Isso pode aumentar o custo de entregar produtos e serviços ao mesmo tempo que reduz o valor que os clientes veem neles.

Construir suas novas características com base no entendimento estereotipado de segmentos de consumidores é perigoso. Também é um erro subestimar as novas habilidades e recursos necessários para oferecer novas características. Se tentar oferecê-las a um grupo que você não entende, as chances são de que você acabe criando novas maneiras de perder dinheiro em vez de criar novos mercados.

Checklist do estrategista

- Planeje seu mercado básico em termos de preço e desempenho.

- Pense como criar novos mercados oferecendo produtos e serviços modificados para clientes de luxo e clientes básicos.

- Considere como seu produto pode ser usado por não clientes – aqueles que têm a mesma quantidade de dinheiro que seus clientes principais, mas não usam seu produto. Não é uma questão de preço ou desempenho, mas algum outro motivo. Descubra por que e você terá o início de um novo mercado.

- Brinque com seu produto. Faça uma versão extrema. Alguma coisa muitas vezes menor, mais rápida ou maior. Mude a cor e o material, e sublinhe aspectos diferentes do design. Você talvez descubra que pode criar um mercado secundário que um dia será maior que seu mercado original.

- Observe como os clientes usam seus produtos e serviços. Tente encontrar exemplos nos quais os clientes estão adaptando seu produto para usos que você nunca imaginou originalmente. Os fabricantes do lubrificante WD-40 pedem aos clientes para sugerirem novos modos de usar o produto para que eles possam divulgá-las em anúncios – sem mudar o produto de nenhuma maneira.

- Procure por trocas entre preços, desempenho e características. Encontre novas maneiras de superar essas trocas (para que você possa oferecer desempenho maior com menores preços) ou descubra onde oferecer desempenho superior que permita alcançar um preço bem maior.

■ Permaneça flexível em relação às bases de competição. Você pode presumir que eles são os diferenciadores tradicionais, mas então você vai estar sempre preso ao competir nas mesmas velhas regras. Traga ideias criativas de fora da sua indústria e inove em todos os pontos dentro e fora do produto.

Ideias relacionadas

É possível criar novos mercados usando ideias econômicas sobre o conceito de valor. A proposta é aumentar valor de maneira que o cliente receba mais do que o preço que ele paga comparado com qualquer concorrente, o que por sua vez significa que ele vai comprar o produto de você e não de seu competidor. A tarefa da estratégia é encontrar um modo de maximizar suas margens e valorizar o cliente.

Ficar à frente de seu grupo estratégico

Com uma estratégia inteligente, cada ação reforça a si mesma. Cada ação cria mais opções e vantagens, que são mutuamente benéficas. Cada vitória não é apenas para hoje, mas para amanhã. Considere a trajetória estratégica de seu plano e como cada parte pode proporcionar a base de sucessos futuros. Esse é o teste de estratégias criativas e progressivas.

Frequência – Trimestral.
Participantes-chave – Você e seu chefe.
Avaliação de estratégia **

A Amazon começou como uma loja de livros on-line; seus concorrentes-chave eram livrarias tradicionais do mundo real onde os clientes tradicionais compravam seus livros tradicionais. Mas também existiam outros concorrentes on-line que ela havia superado. A Amazon decidiu se concentrar na qualidade do serviço – conhecer e servir clientes melhor do que qualquer outra livraria.

Essa capacidade de proporcionar serviço superior permitiu à Amazon julgar o que fazer ou o que não fazer, perguntando se isso ajudava o cliente. Essa base no atendimento ao cliente também permitiu que eles entrassem em outros mercados e serviços – o exemplo mais recente é o Kindle, um leitor de e-books que capturou cerca de 75% do mercado. O foco estratégico da Amazon guia suas aquisições de companhias com posturas semelhantes: estas incluem a lovefilm.com, a audible.com e a zappos.com. Nenhum outro concorrente na história do varejo conseguiu crescimento tão rápido e o mesmo grau de inovação.

Objetivo

Ir além de seus concorrentes é parte da estratégia corporativa. Você olha ao redor para os competidores que compartilham as maiores semelhanças com você, as quais serão uma mistura de características. Alguns concorrentes vão compartilhar localização – os mais próximos de você ou os que concorrem nos mesmos mercados geográficos; alguns vão compartilhar características de tamanho ou receita; outros vão vender produtos ou serviços semelhantes, ou buscar os mesmos clientes ou clientes semelhantes. Eles são seu grupo estratégico.

Você não tem de competir diretamente com companhias em seu grupo estratégico, mas eles podem estar tentando competir diretamente com você. Mesmo que decida não concorrer de maneira direta, você pode considerá-los um terreno útil para começar seus esforços de diferenciação.

- Como a participação de mercado é dividida em seu grupo estratégico?

- Quais são as características de diferenciação tradicionais em seu grupo estratégico? Tem a ver com qualidade e preço relativos ou alguma outra coisa?

- Como a lucratividade e a receita variam dentro do grupo estratégico?

- Quem cresce mais rápido? Quem existe há mais tempo?

- Quais são os pontos fortes e os fracos de cada membro do grupo?

- De onde a inovação está vindo?

- Qual é a base da vantagem competitiva?

No nível mais simples, descubra se há competição entre os membros de um grupo estratégico em relação a preço, foco ou diferenciação (veja as páginas 206 e 208) e então examine mais profundamente as fontes dessas vantagens. Pelo que cada companhia é conhecida? O que elas estão vendendo?

Entender o grupo lhe dá uma compreensão de suas próprias possibilidades. Se eles podem fazer, então você pode tentar copiá--los, superá-los ou oferecer algo diferente. Você pode descobrir uma variação considerável, bem como semelhanças notáveis, entre seus concorrentes. Saber mais permite moldar melhor suas ações competitivas e sua estratégia.

Também verifique as fronteiras de seu grupo estratégico. Examine produtos substitutos e novos participantes em busca de ameaças que possam mudar o status quo. A situação atual o favorece? Se você é fraco dentro de seu grupo estratégico, pode pensar em maneiras de perturbar o status atual. Se é forte, pode ser a hora ideal de considerar um modo de fortalecer ainda mais sua posição ou de tentar perturbar o status quo antes que um rival menor chegue lá primeiro.

Contexto

Você não precisa ficar limitado por seu grupo estratégico, mas pode ser bem útil entendê-lo. A maioria dos negócios começa em resposta a grupos estratégicos. Ou uma pessoa entende as regras do grupo estratégico e as copia ou reage a uma lacuna ou fraqueza percebida começando um negócio para fazer algo diferente.

Uma abordagem para ver um grupo estratégico com mais clareza é mapear seus membros em relação a algumas características competitivas. Esses mapas estratégicos ajudam a esclarecer o posicionamento dos membros do grupo.

Mapas também podem ajudá-lo a considerar onde o espaço estratégico é mais lotado e onde existem oportunidades. Por exemplo, se todos os vendedores estão atendendo o mercado de alta moda e preço médio, então a oportunidade é cuidar dos segmentos do topo (de luxo) ou de baixo (valor).

Mapas estratégicos que delineiam as dimensões tradicionais da concorrência também podem ser estendidos de forma criativa em várias dimensões. Considere o que diferencia seus concorrentes, além do posicionamento no mapa estratégico.

- Por que eles estão indo melhor ou pior do que você?

- Como eles tentam se diferenciar?

- Eles se movem mais rápido? Têm como alvo clientes mais jovens ou mais velhos?

- A marca deles é mais distinta? Mais radical?

- Eles estão fazendo algo diferenciado em propaganda ou marketing?

- Eles têm uma cadeia de valor ou de fornecimento diferente?

O objetivo é entender suficientemente bem as outras companhias para saber como reagir a elas, copiá-las, melhorar ou se diferenciar delas. Você não está preso nas limitações do seu grupo estratégico. No entanto, não faz sentido ignorar completamente a existência deles, já que você pode levá-los a entrar em competição direta quer você queira, quer não.

A Laker Airways foi a primeira companhia aérea econômica sem luxos a operar voos transatlânticos. A empresa examinou seu grupo estratégico e descobriu que as outras companhias aéreas haviam ignorado o viajante econômico porque custos altos e complexidade o tornavam não lucrativo. A Laker começou uma série de inovações de maneira bem-sucedida, mas ignorou a capacidade de seu grupo estratégico de iniciar uma guerra de preços que ela não podia vencer. Como resultado, a empresa faliu menos de cinco anos depois de ter começado.

A Virgin Airlines aprendeu com os erros estratégicos da Laker. Ela entendia algo sobre táticas de jogo duro (veja a página 114) e campanhas de "truques sujos" que se podia esperar de seus rivais tradicionais. Também aprendeu que precisava ter uma gama de serviços que lhe permitiram competir o ano todo e que não dependeriam apenas do preço.

A Ryanair, a easyJet, a Southwest e a Jet Blue foram todas exemplos de companhias aéreas econômicas que aprenderam a evitar parte da concorrência direta. Elas definiram diferenças claras e as apoiaram com modos de operação estratégicos que tornaram difícil para os rivais tradicionais competirem.

Esse tipo de aprendizado sobre as dinâmicas de grupos estratégicos ajuda a aumentar as chances de suas inovações (ou de suas táticas de bloqueio) serem bem-sucedidas. A ignorância pode ser uma maneira útil de questionar normas aceitas e encontrar novas estratégias e modelos de negócio, mas a experiência é ainda enormemente útil para evitar a ocorrência de erros óbvios de principiante ou a adoção de um plano estratégico com falhas fatais.

Desafio

Ter uma visão panorâmica de seu setor estratégico também o ajuda com o desafio de saber como as mudanças costumam ter impacto. Você – como pensador estratégico – está desenvolvendo uma visão do quadro global (veja a página 75).

- Com que frequência ocorrem mudanças em sua indústria?
- Como membros de seu grupo estratégico reagiram no passado?
- Que tipo de mudança eles temem? O que eles entendem?

Primeiro, você quer encontrar a base da competição em seu espaço quando se defrontar com as ações de seu grupo estratégico imediato. Você vai querer saber como jogar segundo as regras tradicionais para evitar ser pressionado, por exemplo, em preço, fatia de mercado, lucratividade ou valor da marca. Vai querer reconhecer os sinais de que alguém está indo atrás de você e ter uma gama de cenários em mente para reagir (veja a página 214).

O próximo passo é identificar novos espaços nos quais você possa se mover. Estes podem ser mercados existentes que são novos para você, então você vai querer entender o suficiente para antecipar respostas estratégicas significativas para seu novo grupo estratégico. Estas podem incluir novos mercados que você queira criar (veja as páginas 119-26). Mesmo aqui, é possível antecipar quem você está ameaçando e como os clientes e concorrentes vão responder.

Outro benefício de identificar espaços estratégicos novos (ou próximos) é que isso o prepara para saber de onde a competição pode vir. Se você está pensando em perturbar o espaço de outras pessoas, elas podem estar pensando em fazer o mesmo.

- É mais fácil/mais difícil passar para a categoria de luxo?

- É mais fácil/mais difícil passar para a categoria econômica?

- Você pode obscurecer os limites entre o que eles oferecem e o que você já oferece? Você pode transformar produtos em serviços ou serviços em produtos?

- Você pode mudar a natureza do modelo de negócios que é oferecido?

- Você pode ganhar seu dinheiro em outra parte da cadeia de valor?

Aproxime-se de clientes, de não clientes e de comentadores

Com que eles ficam felizes? Por que não usam seu produto? Como eles o usam na prática? Com que estão infelizes? O que pensam da publicidade, experiência, serviço e qualidade? Eles estão prontos para uma mudança? As pessoas estão falando de uma lacuna no mercado? Alguém inovou de maneira marcante e falhou?

Crie novos modelos de negócios

Seu modelo de negócio é sua abordagem para criar valor em qualquer espaço estratégico específico e como você pretende transformar esse valor em receita. Antes da revolução da internet, havia muitos modelos de negócio diferentes, mas não se falava deles com frequência.

A internet permitiu que empreendedores e inovadores encontrassem novas formas de entregar serviços e receber pagamento por esses serviços. Você deve anotar como vai fornecer valor a um segmento de mercado em particular com um valor específico e cadeia de fornecimento. Então, pode começar a jogar com os modelos de negócio aceitos em seu grupo estratégico para ver se há oportunidades de melhorar sua vantagem estratégica.

Sucesso

Conseguir um senso da dinâmica, das regras e do posicionamento é o ponto inicial para examinar grupos estratégicos. Você quer conhecer quem está enfrentando e ficar por dentro das regras para saber quando mantê-las e quando quebrá-las.

Você também quer conhecer o ritmo e a forma da mudança para alcançar uma percepção do momento certo para ela. Se revoluções ocorrem com frequência, você precisa estar pronto para reagir, adaptar-se e, se possível, ficar à frente do grupo estratégico. Se não houve inovação nos últimos cem anos, então você pode proporcionar a si mesmo um tempo adicional e achar melhor educar clientes e fornecedores em seu espaço.

Você vai conseguir extrair valor desse processo se entender os grupos estratégicos, mas o próximo passo é simplificar o conhecimento para escolhas estratégicas. Se você é quem toma a decisão, então é preciso haver uma decisão a ser tomada. Isso pode se referir a uma escolha específica entre produtos ou uma escolha mais direcional sobre espaços estratégicos. Mesmo que não vá tomar as decisões, você vai ser capaz de descrever as escolhas disponíveis.

Se consegue antecipar e interpretar os movimentos estratégicos de outros, então você conquistou algo valioso. Se é capaz de encontrar maneiras criativas de produzir benefícios cumulativos (ou perturbadores) para sua companhia, melhor ainda. Isso pode decorrer de uma redefinição da natureza de seu produto, serviço ou mercado. Também pode criar novas fronteiras de mercado.

Sinais do seu sucesso como estrategista

➤ Dimensões tradicionais de finalização são identificadas.

➤ Grupos estratégicos são entendidos pelas dimensões tradicionais e não tradicionais.

➤ Espaços estratégicos (e suas dinâmicas) são explorados e discutidos.

Oportunidades (lacunas) e ameaças em espaços estratégicos são identificadas e exploradas.

➤ Você tem cenários de trabalho para crescimento dentro e fora de grupos estratégicos tradicionais.

Armadilhas

Ignorar o grupo estratégico tradicional é perigoso. Isso pode deixá-lo sem compreensão de como eles provavelmente responderão a suas escolhas estratégicas em relação a preço, serviço, qualidade e desempenho. Você pode falhar em decisões cotidianas sobre como competir e como cuidar de seus clientes.

Também é perigoso ficar restrito aos limites e ao comportamento do grupo estratégico tradicional. Novos participantes podem criar novas regras e competidores existentes podem preparar estratégia e produtos que acabem com a sua companhia.

Checklist do estrategista

■ Sempre reserve um tempo para entender os grupos estratégicos que rodeiam sua companhia e sua estratégia. Quem são seus principais competidores e como eles se comparam com você e entre si? Você precisa saber as respostas para essas perguntas. Se não sabe, descubra ou contrate alguém que já saiba.

■ Seja flexível e criativo ao examinar o que pode acontecer em seguida em seu grupo estratégico. Busque os melhores pontos no espaço estratégico disponível. Pense como as forças da organização se combinam com as demandas de qualquer espaço novo que você encontrar (veja a página 252) e o que fazer a respeito.

▦ Use criativamente vários itens do kit de ferramentas para tentar encontrar ações eficientes e espaços estratégicos potencialmente atraentes.

Ideias relacionadas

Clayton Christensen, em seu livro *Inovação na gestão da saúde – A receita para reduzir custos e aumentar qualidade*, defende o poder da Inovação de Modelo de Negócios (BMI, sigla da expressão inglesa Business Model Innovation) como uma maneira de mudar as regras e balançar um grupo estratégico ou mesmo toda uma indústria. Frequentemente apoiada por avanços tecnológicos, a BMI muda a fonte de dinheiro ou de valor, deixando os concorrentes isolados.

Fazendo seu negócio crescer (mais e mais)

A estratégia não é algo que você faz uma vez e segue para sempre. Se quer crescer, você precisa continuar examinando sua estratégia para ver se ela ainda se enquadra. E, mesmo que ela ainda sirva, você precisa descobrir novas ações que a mantenham funcionando à medida que você cresce.

Frequência – Trimestral.
Participantes-chave – Você com sua organização.
Avaliação de estratégia ★★★★

A Oracle começou com uma ideia e três pessoas. Nos trinta anos seguintes, ela conquistou 50% do mercado de banco de dados relacional e sua receita anual cresceu até quase US$ 30 bilhões. Para continuar crescendo, foi preciso uma mistura engenhosa de estratégias; isso incluiu chamar o produto original de versão 2.0 para encorajar os clientes a acreditarem que ele era confiável. Nunca houve uma versão 1.0.

Quando a curva de crescimento original nivelou, a Oracle continuou com aquisições estratégicas de companhias para poder criar novas fontes de crescimento. Ao mesmo tempo em que também faz aquisições estratégicas de talento (contratando pessoas), a companhia precisa compreender e impulsionar sua missão estratégica: hardware e software projetados para trabalharem juntos. E essa missão tem – como tudo o mais – evoluído na busca do eterno crescimento..

Objetivo

As organizações, assim como as pessoas, passam por estágios de vida. Você dá seus primeiros passos de bebê, experimenta ataques de raiva, tem acne e angústia de adolescente; há as crises da meia-idade e, se ninguém fizer nada para deter isso, há o declínio corporativo e, por fim, a morte.

Mas organizações não são limitadas pela idade – elas podem sobreviver e crescer para sempre. Podem viver mais do que as pessoas que as criaram e superar uma série de crises de crescimento por meio de renovação e renascimento contínuo.

A estratégia permite adaptar-se às circunstâncias para alcançar objetivos específicos. E, para que as circunstâncias mudem com o tempo, a estratégia – ou as abordagens específicas adotadas para transformar a estratégia em ação – precisa mudar.

Sua estratégia precisa ser um processo perpétuo em vez de um documento morto. E também tem de enxergar além dos eventos de hoje. Ela deve antecipar os desafios, ameaças e oportunidades do próximo mês, trimestre, ano e década.

Contexto

Tudo tem um ciclo de vida: há ciclos de vida de produto; há ciclos de vida de indústria. O grupo estratégico de que você faz parte tem um ciclo de vida, assim como sua organização, e também sua estratégia. Cada estágio exige um tipo diferente de inovação (veja a página seguinte).

Primeiro, há a introdução (ou nascimento), depois o crescimento, a maturidade e, por fim, o declínio. E cada estágio tem as ameaças, oportunidades e respostas padrão esperadas. Você não precisa seguir essas respostas padrão, mas precisa saber tudo sobre elas; conhecer as regras antes de quebrá-las.

Parte disso é moldado pela demanda por seus produtos. No início do negócio, você precisa encontrar recursos e talento, então vai ter de trabalhar duro para chamar atenção. Sua estratégia entrará em contato com inovadores e visionários que querem experimentar coisas novas. Seu marketing terá de atrair a atenção daqueles que criam tendências e caçam coisas que estão na crista da onda.

O próximo passo é tentar pular o abismo entre inovadores e os adotantes iniciais que são a primeira parte do mercado de massa. Isso com frequência envolve mudar o marketing e também reforçar a organização para lidar com a demanda maior. O sucesso inicial precisa ser seguido de consolidação.

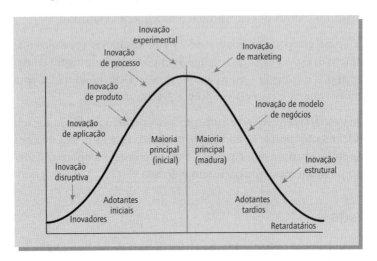

Essa consolidação e essa maturidade crescente são uma parte natural da companhia e do ciclo de vida do produto. O processo também leva naturalmente a uma nova crise. Cada estágio cria problemas e cada problema exige uma solução. As soluções são uma mistura de respostas padrão e novas inovações.

Como estrategista, seu trabalho é enxergar o quadro global para criar uma estratégia que molde o futuro. Você pode usar esses modelos para antecipar o que provavelmente vai acontecer com sua organização no decorrer do tempo.

- Que estágio sua organização alcançou?
- Que estágio sua indústria alcançou?
- Que estágio seus produtos e serviços alcançaram?
- Que crise sua organização encarou? Qual vai ser a próxima?

A prioridade é sobreviver. Para isso, você precisa executar ações padrão, mas o objetivo é crescer com mais sucesso. E isso com frequência é a maneira mais eficiente de sobreviver – olhar além da sobrevivência e abraçar o crescimento como meta.

- Como sua organização cresceu no passado?
- Quão rápido ela vai crescer se as tendências atuais e a competição continuarem?
- Qual é o motor da organização para o crescimento?
- O que ela precisa para continuar crescendo?
- Que organizações, mercados e produtos podem favorecer o crescimento?

Desafio

O crescimento contínuo é uma série de curvas de crescimento com novas curvas começando antes do declínio final da organização. Os desafios internos da organização têm de ser resolvidos para se encontrar novos produtos que preencham as necessidades de clientes novos e existentes – e tudo isso ao mesmo tempo em que se lida com concorrentes.

O papel da estratégia é transcender esses problemas. Você precisa de soluções práticas para problemas específicos. Também precisa de soluções imaginativas que possam inspirar e engajar os funcionários, fornecedores e clientes. A estratégia é a combinação de uma nova visão que seja suficientemente inovadora para reenergizar o desejo e confiável para que acreditem nela.

As várias partes da organização e da estratégia se encaixam?

Você quer uma estratégia que se enquadre nas exigências de um mercado em crescimento. Se não está num mercado em crescimento, você precisa descobrir como consertar isso ou encontrar um novo mercado. Você quer uma organização com habilidades necessárias para colocar sua estratégia em prática. Se você dispõe das habilidades, mas tem as pessoas erradas, então sua estratégia poderá falhar porque você não pode fazer com que ela passe da teoria para a ação.

Desenvolva a lógica de sua estratégia e faça-a funcionar na prática. Procure contradições entre o que você quer realizar e a maneira como está organizado.

Sua organização precisa ser dividida?

Mesmo que você tenha as pessoas certas nos lugares certos de uma maneira geral, ainda é possível que elas se movam devagar demais. Também é possível que elas evoluam devagar demais quando novas mudanças chegarem.

Algumas vezes, as funções corporativas ficam sobrecarregadas quando lidam com as exigências de planejamento de uma organização complexa. Em resposta, elas estabelecem mais e mais regras, e mais e mais camadas de criadores de regras e fiscais. Isso só piora o problema. A única maneira de libertar o talento e a eficiência do campo é aumentar a autonomia. Você precisa dar poder, descentralizar e desentupir as artérias corporativas.

Existe conflito construtivo suficiente em sua organização?

Para ter progresso, você só precisa de uma quantidade adequada de desunião – se existe união demais, não há novas ideias, não há crítica e não há melhora; se existe desunião demais, nunca há ação, porque as pessoas não conseguem concordar por tempo suficiente para algo ser realizado.

Como estrategista, observe o nível de conflito

Examine se ele é aberto, transparente e construtivo. Ou se é fechado, escondido, com pessoas inteligentes mordendo a língua para ocultar suas melhores ideias?

Sua organização aprendeu a transcender contradições e conflito?

Um dos papéis valiosos que a estratégia criativa pode desempenhar é superar as fontes de conflito. Primeiro, você identifica as áreas de discordância (o que é mais fácil se as pessoas estão sendo abertas) e então procura por contradições na forma como administra seu negócio e na estratégia que deveriam estar seguindo. Por fim, procure por formas engenhosas de superar esses conflitos e contradições.

Esse processo nunca é perfeito, e com frequência se mostra complicado, mas é a única maneira de descobrir o que fazer e de envolver as pessoas no processo de solução de problemas *e* nas atividades de implementação da solução.

Sucesso

Você vai entender onde está nos vários modelos de ciclo de vida. Vai discernir se sua organização é jovem ou de meia-idade, se é vibrante ou está em declínio. Também haverá uma visão clara do estágio de crescimento de sua indústria e dos produtos e serviços que você oferece. Cada um pode estar em um estágio diferente e estes vão se sobrepor.

Para fazer uso prático (e estratégico) de seu conhecimento, você vai examinar os pontos de crise típicos relacionados a seu lugar em vários ciclos de vida. Você vai saber, por exemplo, se seus produtos são recém-nascidos e inovadores numa indústria que está madura e em declínio (veja o kit de ferramentas – Parte 6).

Idealmente, você desenvolverá respostas estratégicas a seu lugar no ciclo de vida corporativo para identificar novos caminhos de renovação estratégica. Vai buscar novas curvas de crescimento que podem ser iniciadas logo para substituir produtos em declínio e tentará identificar novas curvas inteiras que levarão toda a organização a novos níveis de crescimento.

Você vai examinar especificamente aquilo que precisa ser mudado a fim de evitar cair de um penhasco de crescimento e aceitar o declínio terminal. Isso é um trabalho valioso: muitas organizações permanecem numa postura de negação diante de ameaças crônicas, outros reconhecem as ameaças, mas não conseguem visualizar uma saída, e algumas enxergam o caminho mas não são capazes de descobrir uma maneira de fazer as mudanças necessárias para chegar lá.

Sinais do seu sucesso como estrategista

➤ Saber onde está no ciclo de vida da indústria, do produto e da companhia.

➤ Entender as escalas de tempo de qualquer ameaça específica relacionada a seu estágio de crescimento.

➤ Familiarizar-se com os desafios e soluções padrão relacionados a cada estágio dos ciclos de vida.

➤ Usar a criatividade a fim de produzir uma resposta estratégica para ameaças e oportunidades de crescimento.

➤ Identificar maneiras eficazes de fazer mudanças suficientes para ter crescimento.

Armadilhas

É fácil pensar que, sejá lá o que você tenha feito para resolver o último problema de crescimento, isso será a resposta para resolver seu próximo problema de crescimento. Com frequência, a verdade é o inverso. Por exemplo, os desafios de crescimento exigem estrutura e processo, mas os desafios de estrutura exigem criatividade e autonomia. Isso cria perigo para a organização, porque as respostas anteriores raramente funcionam. Cada novo desafio exige aprendizado rápido da parte de funcionários e líderes. Pode também exigir pessoas com experiência no desafio que você está tendo agora.

A tentativa de criar a estratégia para o crescimento pode ser atrasada (ou até mesmo sabotada) por aqueles que sentem que têm mais a perder do que a ganhar na nova situação. Imagine ser o líder de um departamento que é rotulado como uma "vaca-leiteira". Eles podem não ver razão para ceder recursos para financiar o crescimento de estrelas em ascensão, ou não vão permitir que um projeto vindo do nada canibalize seus produtos ou serviços.

Isso cria uma situação difícil, na qual a organização sabe o que deve fazer, mas não o faz. A Blockbuster, por exemplo, sabia que o aluguel de filmes via internet era o futuro, mas não conseguiu realizar as mudanças necessárias.

O mesmo aconteceu nos conselhos da Ford, GM e Chrysler. Eles sabiam que a competição estava vindo da Honda, Nissan e Toyota, mas não conseguiram realizar as mudanças necessárias para concorrer. Você tem de transformar a necessidade a longo prazo em emergência. Use a urgência como impulso.

Checklist do estrategista

- Identifique o estágio de sua companhia no ciclo de vida corporativo.

- Use o kit de ferramentas do estrategista para localizar seus produtos e serviços-chave em seus próprios ciclos de vida.

- Pense numa solução criativa para impedir o próximo declínio por meio de renovação estratégica de produtos, serviços e pessoas.

- Use técnicas de planejamento de cenário para pensar adiante. Trabalhe junto com outras equipes para imaginar vários cenários futuros e considerar suas opções.

- Liste áreas já identificadas que estão bloqueando mudanças. Pense como elas podem ser superadas para permitir que o crescimento continue.

Ideias relacionadas

Burgelman e Grove (ex-CEO da Intel) propõem que o crescimento continuado exige que o líder alterne entre autonomia e controle em tempos diferentes. Seu artigo usou a frase "Deixe o caos reinar e coloque rédeas no caos" para expressar esse método (veja a página 246).

Virando global sem quebrar

Há oportunidades imensas para corporações interessadas em atuar internacionalmente. Tudo o que é preciso é uma decisão estratégica de querer ir além. É claro, você pode se expandir longe demais, rápido demais e se arrepender, mas você tem a chance de se tornar uma marca global.

Frequência – Revise regularmente e quando oportuno.
Participantes-chave – Você e seu chefe.
Avaliação de estratégia *****

A Vodafone foi a primeira companhia de telefone celular no Reino Unido. O CEO trabalhou com contatos nos EUA para desenvolver sua tecnologia original e manteve a empresa olhando além das fronteiras nacionais em busca de novas oportunidades. Como resultado, a Vodafone fez a primeira ligação com roaming internacional com parceiros na Finlândia. Ela percebeu que a escolha era crescer ou ser dominada.

A Vodafone expandiu-se globalmente por meio de parcerias e aquisições. Fechou acordos e comprou competidores para ganhar mais clientes para seus produtos de telefonia móvel. Também vendeu subsidiárias para financiar o investimento em países de crescimento mais rápido. Ela se tornou uma das maiores companhias e uma das marcas mais valiosas do mundo, com meio bilhão de clientes. Esse crescimento se tornou possível graças ao olhar internacional de sua liderança, que criou um portfólio global.

Objetivo

O mundo é um lugar muito grande e, logicamente, sempre haverá mais oportunidades de crescimento fora do seu país do que dentro dele. Se limitar sua ambição ao mercado nacional, você nunca vai saber qual é todo o potencial que o seu negócio pode alcançar. Você poderá ser a companhia mais admirada em sua cidade ou região, mas isso não vai impedi-lo de atingir metas muito mais atraentes.

- Como uma expansão global pode proporcionar melhores oportunidades?

- Você evitaria algumas ameaças ao se expandir globalmente?

- Quais são as estratégias de expansão global mais eficientes?

- Por que uma expansão global iria falhar? O que poderia impedi-la?

Seja qual for o negócio em que você esteja, sempre há uma chance de um competidor maior chegar, o que tornará mais difícil sua sobrevivência. Esse competidor provavelmente se tornou maior fazendo negócios em mais locais que você. Ele tem recursos adicionais. Pode contratar mais pessoas. Pode contratar mais talento. Tem o benefício do tamanho a seu lado. Ele se compara com os melhores do mundo, não com os melhores do país. Tem padrões mais altos, mais ideias e mais ambição.

Há ameaças em todos os mercados. Você pode reduzi-las expandindo seus negócios para fora das restrições nacionais, assim você cresce levando a luta competitiva para outros países antes que os concorrentes possam trazê-la para você.

Contexto

Você não tem de ser grande para ser internacional, só tem de fazer negócios com alguém em outro país. Global é outra coisa. Tradicionalmente, os maiores blocos de comércio são os EUA, o Japão e a União Europeia. Eles comportam a maior parte do comércio internacional e têm o maior número de marcas globais. Muitos dos exemplos que aparecem neste livro pertencem a esses três grupos, pois eles criaram as maiores companhias globais à frente de outros países e continentes. No entanto, o quadro global está mudando. A China vai se tornar a maior economia do mundo nos próximos anos e as economias de crescimento mais rápido estão todas nos países em desenvolvimento. E – de maneira mais significativa – eles estão passando de simples fornecedores de bens para marcas globais, desenvolvendo (ou comprando) suas próprias marcas internacionais.

Os mercados desenvolvidos são os maiores; os mercados em desenvolvimento são os de crescimento mais rápido. Seja como for, a ação que você vai realizar não está ligada a um país específico. Você quer ligar o crescimento de sua empresa ao crescimento mundial.

Desafio

Não há uma única estratégia global com garantia de sucesso. Parte disso é quase acidental. Você precisa estar olhando para fora e aproveitar ao máximo as oportunidades globais que surgem em seu caminho – a Coca-Cola, o McDonald's e várias outras marcas globais seguiram as forças armadas durante e depois de guerras.

Acertar primeiro em seu próprio país tem sua importância. Tornar-se um concorrente nacional de peso (como a Vodafone) pode ser uma ajuda gigantesca para gerar renda suficiente, conhecimento e reputação que permitam financiar sua expansão internacional. O Walmart tinha tamanhas vantagens no gerenciamento da cadeia de fornecimento e economias de escala que foi capaz de obter sucesso em vários outros países.

Mas a excelência nacional não é tudo. Há vários exemplos de companhias que dominam o mercado nacional e não se tornam marcas globais. Algumas vezes, elas não tentam – uma falta de ambição e de experiência internacional podam a tentativa antes que ela comece. Em outras, não são bem-sucedidas – elas não têm sorte ou abordam os mercados internacionais sem fazer as mudanças necessárias.

O Walmart se tornou uma companhia internacional. É uma das maiores companhias do mundo. E uma das marcas mais valiosas do mundo. Mas, apesar de suas vantagens, não constitui realmente uma companhia ou marca global. Em diversos mercados nacionais, o Walmart descobriu ser muito difícil começar ou continuar crescendo. No Reino Unido, encontrou o parceiro ideal – a Asda – que havia baseado seu crescimento no "jeito Walmart de ser", mas fez pouco progresso em muitos países (tais como na América do Sul) e em outros (como o Japão) tem tido problemas de adaptação.

Apesar dos desafios, se você tem algo único, ou ao menos valioso, em seu mercado original, então é possível que haja demanda para isso em outros lugares. Pode até ser o caso de que algo comum em seu mercado nacional seja único no resto do mundo. Os alemães são muito bons em construir carros de luxo: Audi, Mercedes e BMW. Os japoneses têm habilidades essenciais para criar aparelhos eletrônicos: Sony, Toshiba e Nintendo. Os italianos são fenomenais em carros esportivos: Lamborghini, Maserati e Ferrari.

Sucesso

Só o ato de decidir ser global parece mudar a probabilidade de sucesso estratégico. Isso funcionou para países que decidiram explorar o mundo, trazer de volta riqueza e conhecimento. E também funcionou para líderes de negócio que decidiram explorar. Eles podem trazer de volta grandes ideias – como os fundadores do Red Bull, que viram uma ideia no Sudeste da Ásia e então a cultivaram numa marca global. Eles podem também capturar a imaginação de seu próprio povo e do público em geral – com frequência transformando isso num impulso.

Quando você considera sua estratégia global, há muitas abordagens. Uma é entender cuidadosamente a natureza da globalização diante de sua companhia.

- ■ Quão globalizada é sua indústria?

- ■ Quão globalizado é seu país?

- ■ Quão globalizada já é sua companhia?

Se você está encarando a competição de concorrentes globais que também estão crescendo rápido em outros lugares do mundo, então tornar-se global passou a ser algo urgente. Pelo menos, você precisa entender suas opções. Se decidir permanecer nacional ou regional, deve saber por quê. Você também precisa examinar o que vai fazer com os grandes concorrentes agora – e em especial no futuro.

Precisa igualmente examinar o nível de experiência que tem em crescer e em gerenciar uma companhia global. Se você não dispõe desse tipo de experiência e conhecimento, isso pode reduzir sua confiança em uma expansão internacional. Há certas etapas práticas que você precisa conhecer previamente, e há relacionamentos que são inestimáveis na construção de uma rede internacional.

Você pode se beneficiar de uma estratégia global de muitas maneiras diferentes. Pode tentar encontrar novos mercados para seus produtos (produtos padrão ou ligeiramente modificados) existentes. Pode procurar por novas fontes de produção para fabricar melhor ou com menor custo. Pode usar recursos existentes para desenvolver novos produtos para novos mercados. (Use a grade de crescimento na página 222 e outras ferramentas globalmente.)

Há tendências que apoiam essa ação. Os mercados estão começando a se comportar de maneiras relativamente semelhantes a padrões e normas (mais ou menos) globais. E, de acordo com alguns critérios, os clientes também estão se tornando semelhantes (não iguais). Eles tendem a compartilhar mais características em segmentos (ou tribos) do que dentro de um país específico. Isso não é uma regra absoluta, mas vale a pena saber.

Passar para uma estratégia global aumenta a complexidade. Há novas leis, costumes, relacionamentos, comportamentos de clientes e – normalmente – uma outra língua. Esse último ponto explica por que algumas estratégias globais começam dentro de zonas de língua – ou mesmo de cultura – compartilhada, mas é fácil ser enganado pelas semelhanças em vez de notar as diferenças.

Sinais do seu sucesso como estrategista

- Você sabe que países estão crescendo mais rápido e quais são os maiores entre eles.
- Você sabe quais países são mais importantes para seu crescimento.
- A companhia tem uma estratégia global (mesmo que bem pequena).
- Sua estratégia tem uma visão internacional de conhecimento e expansão.
- O sucesso real é medido por uma expansão concreta em termos globais.

Armadilhas

A armadilha mais óbvia é falhar em lidar com as diferenças (grandes ou pequenas) entre os países. Saber o que mudar e o que manter como padrão é um problema. É perigoso expandir-se rápido demais, em especial se sua companhia estabelecer compromissos financeiros de longo prazo. Tente manter as coisas flexíveis para ser capaz de aprender lições e mudar. Outro erro é assumir que só há um jeito e uma velocidade para se globalizar. Você pode começar devagar em um país por meio de um parceiro ou ir rápido adquirindo companhias pelo mundo todo.

Checklist do estrategista

- Entenda as vantagens que você pode ter sobre concorrentes em países diferentes. Algum dos pontos fortes de seu país vai colocá-lo numa posição vencedora se você exportar ou se abrir para negócios internacionalmente?

- Aumentar o tamanho das operações de sua companhia pode lhe proporcionar vantagens? Essas economias de escala e de escopo podem lhe proporcionar vantagens que o colocam à frente de concorrentes nacionais em muitos outros países. Isso é especialmente verdade se você está entre os primeiros no seu grupo estratégico e em seu mercado a adotar uma estratégia de expansão global.

- Considere as vantagens de uma estratégia global para aprendizado e inovação. Mesmo que você não abra endereços em outros países, pode abrir sua mente para parcerias e fontes de conhecimento. E, quando tiver feito isso, oportunidades para expandir produtos e serviços, em especial pela internet, vão se tornar mais visíveis.

Ideias relacionadas

Bartlett e Ghoshal defendem que há três pontos-chave na estratégia global. A necessidade de eficiência – criar uma cadeia de valor dispersa, interdependente e especializada; a necessidade de ser capaz de reagir em termos nacionais – passar para uma estrutura federal com unidades diferentes; e a necessidade de inovação – desenvolver aprendizado simultâneo central, local e global.

Saiba o que você faz melhor

Cada companhia é uma coleção de habilidades e recursos. Cada companhia combina essas habilidades e recursos de um modo único com processos, tecnologia e cultura. E é isso, aliado a decisões específicas num mercado específico, que leva a um desempenho superior.

Frequência – Regular e anualmente.
Participantes-chave – Você e sua organização.
Avaliação de estratégia – Parte 6

O Google cresce quando faz aquilo em que ele é bom, e sua estratégia oficial deixa isso claro. Ele busca "organizar a informação do mundo e torná-la universalmente acessível e útil", e é ótimo em fazer exatamente isso. Ele revolucionou de forma bem-sucedida a busca. Não apenas a busca por texto, agora também a busca por vídeo, imagens, áudio, livros e notícias. Sua capacidade de busca permitiu-lhe entender o valor do YouTube (e se beneficiar disso).

Mas sempre que o Google vagueia por áreas que não entende, ele falha. Por exemplo, tentou lançar serviços de mídia social – um era chamado de Buzz – várias vezes sem sucesso. Ele deve permanecer no que faz de melhor ou, se quiser oferecer novos serviços, precisa desenvolver novas habilidades. Quando tenta novos mercados sem investir em novas habilidades, ele desperdiça dinheiro. Se o Google se torna o melhor nesse novo mercado, o dinheiro foi bem investido.

Objetivo

Trata-se de uma oportunidade: se você consegue entender melhor suas habilidades e recursos pode se concentrar em seus pontos fortes. Você pode entregar produtos e serviços de uma forma melhor (ou de maneira mais original) do que qualquer outro. Você pode descobrir o que ninguém mais pode fazer.

Em certo sentido, você está tentando descobrir uma vantagem "injusta", algo que possa realizar melhor, por causa de sua combinação específica de conhecimento, relacionamentos, marca e recursos (veja a página 88).

- O que você pode fazer muito bem?

- O que você pode fazer que seus concorrentes não podem?

- Como usar suas habilidades e dons únicos para fazer o que os clientes realmente querem?

Pense bem nisso. Não apenas uma vez, mas com frequência. Não apenas tente copiar o que o concorrente está fazendo, pense no modo como você trabalha e como pode ser difícil copiar. Então, considere como exagerar os benefícios do que você faz.

A Toyota decidiu competir com a Mercedes no segmento de carros de luxo, mas, em vez de copiar a forma pela qual a empresa alemã produzia carros de luxo, ela usou seu sistema de produção único para produzir carros mais rapidamente e a um custo muito menor e de melhor qualidade. Eles sabiam no que eram bons e usaram essas habilidades como estratégia para competir com o conhecimento da Mercedes na fabricação de carros de luxo.

Idealmente, você vai encontrar algo que seja difícil de copiar (inimitável), durável, difícil de substituir, que permite ganhar dinheiro com facilidade e que seja, claro, superior, do ponto de vista do cliente.

Contexto

A estratégia não se refere apenas a ações e oportunidades, ela também serve para descobrir como oportunidades se relacionam com forças e fraquezas. Se você não consegue fazer o que é preciso para o sucesso de seu plano, então o plano não vai ser bem-sucedido, a não ser que você consiga resolver essa lacuna.

Alternativamente, você pode continuar com planos que dependem das forças que já tem. Isso é especialmente poderoso quando seus pontos fortes são melhores do que os de outros do mesmo espaço competitivo. É ainda mais poderoso se você criar uma estratégia que conjugue pontos fortes e oportunidade.

- Como você pode transformar sua lacuna estratégica num salto estratégico?
- Como você pode fazer algo de onde você está para onde você quer estar?

Esse tipo de alcance estratégico pode ser bastante atraente, mas só será bem-sucedido se a lacuna for entendida. Mais especificamente, fica mais fácil entender a lacuna se o salto estratégico puder ser feito de modo natural de uma posição de força para uma posição estendida de força.

Desafio

Se você precisa preencher as lacunas, parte desse preenchimento pode vir do aprendizado. Algumas fraquezas podem ser remediadas por meio de treinamento. Outros pontos fracos podem ser sanados pelo recrutamento de pessoas com a experiência e habilidades que você precisa. Mas há dificuldades em cada um desses casos; como ganhar habilidades significativamente novas é difícil e custoso, torna-se importante fazer as seguintes perguntas:

- A oportunidade vale o esforço e o risco de ganhar novas capacidades e pontos fortes?
- As ameaças são suficientes para superar os pontos fracos incorporados?

Aprender leva tempo, e mesmo que haja dedicação na aprendizagem – em especial no âmbito corporativo – o esforço exigido pode ir muito além das competências essenciais de sua organização. Se você vai embarcar no aprendizado para estender aquilo em que você é melhor, então esse aprendizado vai exigir desafios no que concerne à sua forma de pensar. E esse desafio tem de se estender pela organização inteira, desde o topo – com o apoio externo e os esforços internos integrados.

Recrutar pode ser um atalho para ganhar conhecimento, mas se as pessoas recrutadas são uma minoria ou não são capazes de se fazerem entender, então o sucesso será restrito. Muitas companhias contrataram especialistas, mas o conhecimento destes acabou sendo neutralizado pelos vieses existentes na organização. Pontos fortes podem se tornar um obstáculo porque é sempre mais fácil (e mais eficiente) fazer aquilo em que você é melhor.

Sucesso

A chave para o sucesso é uma compreensão flexível e clara das forças de sua organização – o que você faz melhor – e como elas se relacionam com oportunidades estratégicas que estão disponíveis.

Não se preocupe se tudo isso parece difícil de compreender. Toda a área de competências essenciais e a visão baseada em recursos (RBV, do inglês *resource based view*) tem atormentado gestores e estudiosos por décadas. A dificuldade é o que faz o esforço valer a pena.

É a criatividade com que você usa esses pontos fortes fundamentais que vai permitir ou limitar seu crescimento. Você consegue enxergar as suas forças em relação ao quadro global? Você consegue extrair algo fundamental das coleções de currículos, habilidades e recursos que sua organização tem disponível? O que seria mais fácil para você do que para seus concorrentes? Onde valeria a pena fazer um esforço caro para ganhar novas capacidades?

O sucesso também compreende as limitações de seus pontos fortes atuais. Quais são os perigos de suas habilidades permanecerem numa zona de conforto? Há risco de haver um tipo de capacidade disfarçada, em que você só faz o que foi feito antes, e em que você exagera aquilo em que é bom em detrimento daquilo que você não entende.

Sinais do seu sucesso como estrategista

→ Você sabe o que lhe proporcionou sucesso no passado.

→ Há uma compreensão do que você faz melhor.

→ Você tem um senso dos limites de seus pontos fortes.

→ Espaços de oportunidade para seus pontos fortes foram explorados.

→ Planos estratégicos são examinados em busca de lacunas entre forças e fraquezas.

Armadilhas

Compreender o que você faz melhor não quer dizer que você deva parar de aprender, já que novas habilidades e conhecimento ainda são necessários. A busca daquilo em que você é melhor pode ser confundida com o ato de apenas buscar o que você fez bem e repeti-lo.

Se parar de aprender ou restringir sua estratégia ao que funcionou bem antes, você vai limitar seu crescimento futuro e também vai prejudicar sua capacidade de se adaptar a novos desafios e oportunidades. A meta é entender no que você é ótimo de uma maneira mais flexível e holística.

Checklist do estrategista

■ Explore seus pontos fortes em detalhe, mas sempre procure pela essência de suas forças. Trabalhe com seus colegas para resumir seus pontos fortes essenciais de maneira clara. Imagine que você está escrevendo um anúncio falando das suas habilidades e não de seus produtos ou serviços. Qual é o slogan?

■ Use a análise SWOT (veja a página 204) como uma maneira criativa de examinar os elos entre oportunidades e pontos fortes. Procure por elos que lhe permitam seguir oportunidades de maneira mais eficiente do que seus concorrentes.

- Considere os custos de adquirir novas capacidades. Não acredite simplesmente que a ambição de ser bem-sucedido em áreas em que você é fraco é suficiente. Tente aprender com tentativas passadas para estender sua marca ou companhia em novas áreas.

- Seja aberto em relação a quais são suas competências essenciais e o que elas podem se tornar. Você é bom em aprender? Você é capaz de completar tarefas rapidamente? Sua habilidade em contratar pode ser seu ponto forte essencial? Cada parte da cadeia de valor pode ser uma fonte de vantagem competitiva, então descubra como elas podem ser combinadas para permitir essa vantagem.

Ideias relacionadas

Jay Barney está relacionado intimamente com a visão baseada em recursos (RBV). Ele defende que é possivel fazer com que coleções de recursos e capacidades fiquem mais difíceis de copiar. Esses recursos inimitáveis podem formar a base de uma vantagem competitiva sustentável se a estratégia for moldada em torno dele.

parte

cinco

Fazendo sua estratégia funcionar

O poder da estratégia está em moldar o futuro. Isso significa que, para ser útil, a estratégia tem de funcionar no mundo real. Muitas estratégias são criadas para um mundo ficcional, onde apenas anotar objetivos é suficiente para alcançá-los. É um mundo em que os comandos de executivos distantes são obedecidos instantaneamente e onde cada pressuposto na estratégia permanece verdadeiro para sempre.

O estrategista habilidoso não se dá por satisfeito em apenas criar um documento de estratégia. Sua meta é moldar o futuro, então ele quer fazer sua estratégia funcionar. Parte disso depende da maneira como a estratégia foi criada. O processo inteiro pode ser projetado para aumentar o valor das ideias no mundo real e ampliar o engajamento com a estratégia.

O que vai acontecer é uma mistura do que você pretendia e do que emerge a partir do que as pessoas realmente fazem (incluindo o que elas fazem melhor). Sua estratégia não é capaz de prever cada ameaça e cada oportunidade que vai surgir entre um ano e o seguinte e não consegue enxergar todos os níveis da hierarquia.

Seu processo de estratégia será mais eficiente se incluir mais pessoas e se refletir de maneira mais rigorosa os diferentes cenários do futuro. Você deve considerar como as mudanças acontecem e como criar estratégia que funcione com o comportamento humano (e para o bem dos indivíduos) e não contra ele.

Muitas coisas vão dar errado antes que você chegue a qualquer final de meta específico. A meta em si pode ter de mudar para a organização sobreviver ou crescer. A organização terá de encarar muitas crises de crescimento ou declínio e é o papel da estratégia preparar a organização para responder melhor a esses desafios.

Gerenciando o processo de estratégia

A estratégia não é na verdade um esporte solitário – mesmo que você seja o CEO. Para ter o máximo de eficiência, ela envolve pessoas e conhecimento em todos os níveis, dentro e fora da organização. Parte disso consiste em organizar a criação de estratégia, fazer medições e implantações engenhosas que funcionem.

Frequência – Mensal e anual.
Participantes-chave – Você e sua organização.
Avaliação de estratégia – Parte 6

O CEO da GE, Jeff Immelt, decidiu que a companhia devia crescer organicamente duas ou três vezes mais rápido do que o PIB. Isso foi descrito como uma meta audaciosa. Para alcançá-la, eles redesenharam seu processo de estratégia. A meta era criar abordagens mais ambiciosas, mais criteriosas para crescer e então fazer essas estratégias funcionarem na vida real mais eficientemente do que nunca.

O processo teve de engajar pessoas e dar poder a elas para caminhar mais rápido. Foram necessários cerca de dois anos para inventar um processo de seis partes para criação e execução, feito sob medida pelo pessoal da GE para o pessoal da GE. O processo é circular, sem nenhum ponto de partida óbvio. Cada componente (clientes, inovação, tecnologia, comercial, globalização e líderes) reforça o esforço estratégico geral.

Objetivo

Há muitos processos de gestão de estratégia diferentes. Companhias pequenas (e grandes) podem não ter nenhum processo formal. Elas descobrem o que estão fazendo conforme vão fazendo. Corporações grandes (e pequenas) podem ter um ciclo de planejamento de estratégia formal que começa três ou seis meses antes do início do próximo ano financeiro.

Nesse processo formal, espera-se que cada um dos departamentos crie planos que são mandados por e-mail para cima na hierarquia. Esses planos contribuem para a estratégia corporativa, que então é enviada por e-mail para baixo na hierarquia. Nesse ponto, com frequência começa algum tipo de negociação sobre recursos e metas financeiras e a estratégia é mais ou menos seguida, ou mais ou menos ignorada, dependendo da tradição da organização.

Algumas organizações partem do topo e apenas dizem às pessoas o que elas têm de alcançar, enquanto outras tentam envolver todo mundo porque vão precisar das ideias e da ajuda de todos para fazer a estratégia funcionar. Para algumas companhias, é superficial – com poucas pessoas que mal sabem o que foi definido. Para outras, pode ser exageradamente detalhado, enquanto a burocracia elimina qualquer criatividade que havia no plano original.

Idealmente, o processo de estratégia deve engajar os corações e mentes de toda a companhia, de forma contínua, durante todo o ano. A estratégia é a companhia e a companhia é a estratégia. Daí se depreende que é útil haver envolvimento imaginativo e bem-informado aliado a um processo de estratégia fluido e dinâmico.

Contexto

Há várias partes de um processo de gerenciamento de estratégia – você pode usar todas ou apenas algumas delas. O importante é estar ciente delas e então ser capaz de começar a moldar um processo que contribua de maneira eficiente para o desempenho da organização.

O ciclo de planejamento de estratégia tradicional com frequência se inicia com uma revisão do nível mais alto de progresso em comparação com o plano do ano anterior. Na realidade, essa revisão foi feita durante o ano todo – o desempenho é em geral acumulativo, embora possa haver surpresas próximo ao fim.

Isso é sempre estratégico no sentido de que baseia-se nas visões gerais da alta gestão, mas frequentemente *não* é estratégico, pois não leva em conta o quadro global. Muitas vezes, não se pensa no estado da empresa, na sua situação no mercado, em que posição ela provavelmente ficará devido ao desempenho e às tendências, ou se a missão, metas, propósito ou fontes de vantagem competitiva devem ser mudados.

Há uma tendência a simplesmente passar uma estratégia de um ano para o outro. Projeções bem diretas são feitas sobre o que vai acontecer no futuro e são aplicadas a novas metas para o novo ano. Elas costumam ser ajustadas para cima se houver pressão dos acionistas e podem ser ajustadas para baixo se as tendências forem desfavoráveis a um crescimento fácil.

Algumas vezes, os detalhes dos planos vão do *meio para cima*, reunidos ou por chefes de funções individuais ou por chefes de negócio, sendo então compilado num único documento, que é redistribuído com algumas alterações. Ou o detalhe dos planos é montado a partir de metas estabelecidas no topo da organização, comunicado para o meio e então negociado antes de ser feito um acordo final sobre metas, investimento, planos e remuneração. De qualquer forma, o planejamento é realizado em partes e as metas são definidas por um acordo.

Desafio

Os problemas com processos de planejamentos tradicionais são numerosos. Não se gasta tempo suficiente para examinar a estratégia de forma imaginativa, então a estratégia existente é aceita sem se testar os pressupostos, a atratividade e a credibilidade.

Encontre tempo suficiente para que a equipe executiva (e pessoas de vários níveis abaixo) possa examinar o quadro global estratégico. Não apenas um dia, mas uma semana. Não apenas uma vez por ano, mas duas, três, quatro vezes por ano. Arrume um facilitador para tornar esse tempo de pensar a estratégia mais eficiente, criativo e agradável. Mesmo reuniões mensais ou semanais podem se tornar mais estratégicas; você pode transformar o tempo de cronograma em tempo de pensar para superar concorrentes e encontrar vantagens competitivas reais.

Acelere e aprofunde o processo de estratégia com a ajuda de muito mais pessoas dentro e fora da organização. Isso não precisa ser trabalhoso; você pode cortar o número de meses que o processo inteiro leva ao envolver pessoas em vários eventos focados em estratégia. Agende-os entre reuniões da equipe executiva. Explore a estratégia e os cenários diferentes. Examine lições de implementação de estratégia e aplique essas lições em seu plano.

Crie um modelo de estratégia que seja debatido por toda a organização, com a participação de todas as pessoas. As decisões são tomadas de forma clara. Se você puder simplificar a estratégia traduzindo-a num documento que faça sentido para todas as pessoas, elas terão maior interesse em contribuir para fazê-la funcionar. Se a estratégia foi criada com a ajuda dessas pessoas, então ela terá significado, e elas estarão engajadas emocionalmente no sentido de que a estratégia *delas* vença. Pinte essa estratégia (e seu progresso) nas paredes, no chão – deixe que todos saibam.

Essa maneira é melhor porque ela apoia a estratégica dinâmica, e a estratégia dinâmica é mais bem adaptada às necessidades do ambiente competitivo dinâmico. Toda a organização, processos e cultura contribuem. Eles podem melhorar a velocidade e a percepção do que você aprende e de como você reage.

Sucesso

Você vai se afastar do processo lento, enfadonho, que ocorre só uma vez por ano para definir metas financeiras. Vai desenvolver um processo de aprendizado contínuo, rápido, envolvente para criar uma estratégia que vence pelo fato de criar vantagens competitivas cumulativas.

Metas ainda são necessárias e sistemas de medição e controles financeiros têm seu papel a representar, mas evite transformá-los num trabalho mais duro do que eles valem. Concentre seus esforços em encorajar o tipo de pensamento estratégico e ação que vai criar e produzir vantagens competitivas.

Assegure-se de que você sabe o que o sucesso significa para *sua* estratégia. Como você vai saber que está fazendo progresso para a realização da missão? Como vai saber que sua estratégia está funcionando? Como a contribuição dos grupos e indivíduos para a estratégia pode ser medido? A estratégia tem como intenção levá-lo dos meios para os fins da maneira mais eficiente; se você não sabe o que o sucesso significa, não será capaz de reconhecer quando ele acontecer.

Sinais do seu sucesso como estrategista

→ Você tem um processo que liga cada camada da estratégia a cada nível da hierarquia.

→ Todo mundo na companhia sabe reconhecer o sucesso da estratégia.

→ Há um *balanced scorecard* para medir a estratégia e o processo de gestão.

→ Encontra-se tempo considerável para aprender, pensar, revisar e criar estratégia.

→ O processo de gestão de estratégia envolve as pessoas e as prepara para contribuir.

Armadilhas

Processos de estratégia podem se tornar vagos demais de tal forma que criam mais problemas do que resolvem. Podem fazer com que as pessoas se sintam inseguras sobre qual é a direção a tomar e sobre como elas vão saber que estão fazendo progressos. Também é possível que o processo de gestão de estratégia proporcione pouco compromisso ou compreensão. As pessoas podem ter clareza sobre como vão ser recompensadas, mas não sobre como contribuirão para o quadro global. Ou sobre os motivos pelos quais deveriam se importar.

Checklist do estrategista

- Anote (ou desenhe) o processo de gestão de estratégia existente. Se você não tem um processo formal, anote como as metas na companhia são decididas. Seu processo pode ser bem complexo ou quase inexistente, de qualquer forma você precisa saber qual é ele para poder pensar se é adequado a seu propósito. Só então poderá redesenhá-lo para criar uma solução melhor.

- Faça seu processo de estratégia tratar de estratégia. (A maioria dos processos de estratégia envolve muito pouca estratégia.) A estratégia real está na cabeça das pessoas, enquanto o processo é todo sobre concordar com metas financeiras com base no desempenho esperado. Introduza o pensamento estratégico e comece a moldar o futuro.

- Envolva mais pessoas no processo de estratégia. Pergunte a membros da organização que tipo de problema estão enfrentando e que oportunidades conseguem enxergar. Use essas ideias para organizar sua primeira sessão de planejamento de verdade.

- Crie ímpeto – trate seu processo de estratégia como uma campanha. Comece com conversas reservadas fazendo perguntas de estratégia. Use as perguntas deste livro para começar (e melhorar) a conversa estratégica em sua empresa.

- Desenvolva uma sessão de planejamento de estratégia com um novo estilo. De preferência, isso aconteceria em alguns dias longe do escritório.

- Planeje seus primeiros dias em torno de questões estratégicas-
-chave (veja a página 201), então desenvolva material e
atividades que lhe permitam passar um tempo bem-informado
e agradável examinando as questões.

- Pense em investir em especialistas. Vale a pena pagar pessoas
que sabem o que estão fazendo. Esse é o futuro do negócio,
então deve ser valioso. Há pessoas em diferentes faixas de
preço, portanto procure alguém de sua confiança, que você
possa colocar à frente.

- Crie um calendário de estratégia para sua companhia. Comece
com algumas sessões que terminem na criação de uma
estratégia combinada para o ano, então dê seguimento com
reuniões para avaliar o progresso, oportunidades, ameaças e
novas ideias.

- Faça deste livro a base para o aumento do pensamento
estratégico em sua organização. Introduza o tema da inovação
como uma maneira de melhorar sua capacidade de encontrar
fontes de vantagem competitiva.

Ideias relacionadas

Kaplan e Norton defendem a criação de um "escritório de gestão
de estratégia" em cada corporação. Essa nova função iria ajudar
o trabalho de estratégia, preenchendo um papel de liderança. Em
vez de apenas apoiar o processo de planejamento, a equipe de
estratégia ajudaria a guiar o processo da criação até a execução.

Reuniões para mentes estratégicas

Uma ótima reunião estratégica é uma reunião de mentes. Você quer pessoas pensando e falando abertamente sobre o progresso e as aspirações. Você terá uma mistura de cabeças nas nuvens e pés no chão. Não há nenhum jeito melhor, esse é um bom ponto de início.

Frequência – Regularmente.
Participantes-chave – Vários grupos.
Avaliação de estratégia ****

O novo CEO da Disney começou uma nova série de reuniões no café da manhã. Em cada reunião, todo mundo era convidado a participar de uma discussão sobre a direção, desempenho e estratégia da companhia. A participação ocorria principalmente por meio de histórias e ideias. As pessoas compartilhavam histórias que davam vida à estratégia. Histórias sobre o que queriam que a estratégia fosse, como a estavam aplicando e o que não estava funcionando. Essas histórias permitiam às pessoas fora da sala serem representadas na discussão e então a estratégia e os níveis de ação da companhia foram juntados de maneira poderosa.

Objetivo

Você quer uma reunião de mentes (não uma reunião na qual ninguém pensa). A má notícia é que as pessoas com frequência incorrem em hábitos ruins. A boa notícia é que as pessoas querem ótimas reuniões e muito raramente participaram de alguma (se é que alguma vez isso ocorreu). Elas estão esperando por algo que valha a pena e querem que você seja bem-sucedido.

Consiga tempo suficiente para prosseguir a sessão com as perguntas de estratégia. Se é sua primeira sessão no novo estilo, providencie para que possam passar alguns dias juntos. Permaneça num hotel. Faça isso parecer o começo de algo importante. Se fizer as coisas direito, isso pode ser um momento decisivo na história da empresa. Você vai moldar o futuro de todos os envolvidos.

Contexto

A escolha do momento é importante para a estratégia *e* para as reuniões de estratégia. As pessoas procuram uma agenda para ter estrutura, mas podem então usar a estrutura para se abster de participar da substância da discussão. Então, os objetivos gerais servem como uma estrutura leve, sem deixar que elas se desviem da discussão.

Pelo mesmo motivo, tão logo os objetivos iniciais tenham sido alcançados, siga adiante com os objetivos adicionais e desenvolva as discussões sobre ideias para etapas práticas que podem ser seguidas de nomes, datas e critérios de realização.

Faz sentido confirmar a agenda para o ano em todas as reuniões, em especial quando você está passando do pensamento de estratégia tradicional (ou de nenhum pensamento) para a gestão de estratégia dinâmica. Limitar o tempo para tomar decisões ou recomendações também é algo que envolve muitos participantes acostumados a ficar de olho no relógio. Isso invoca o lado competitivo saudável e divertido das pessoas e garante que o tempo seja usado de maneira eficiente, para que elas queiram voltar e participar de sessões futuras.

Desafio

Antes da sessão, faça com que as pessoas fiquem preparadas e interessadas em participar. Inicie conversas sobre estratégia bem antes de quaisquer reuniões formais. A estratégia dinâmica é algo contínuo, então trate-a dessa forma.

Perguntas

Solicite a todos os participantes para examinar as perguntas (poderosas) de estratégia básicas (veja a página 201). Consiga que pensem sobre as perguntas para sua empresa. Faça-os anotarem as respostas. Peça para indicarem a empresa ou marca que mais admiram.

Organizadores de sessão

Junte fatos de operação, resultados de pesquisa de funcionários, resultados financeiros e projeções. Procure informações sobre competidores-chave. Isso proporciona informação à qual o grupo pode se reportar quando for importante.

Realize um aquecimento

Faça com que as pessoas pensem, mesmo que isso seja um pouco difícil no começo. O valor de um aquecimento é fazer com que elas entrem no modo de pensar. Isso não é fácil para aqueles que estão acostumados a andar em círculo, produzindo um relatório atrás do outro, mas sem nunca chegar a uma conclusão.

Escolha e complete uma atividade criativa

As atividades podem ser elaboradas ou simples. Eu já vi malabarismo, fazer aviões de papel, resolver enigmas, dançar, praticar ioga ou exercícios para o cérebro. Algumas pessoas criam seus próprios exercícios de aquecimento, outras usam um dos muitos livros de brainstorming, outras ainda contratam animadores ou facilitadores para produzir algo memorável. Pode soar exagerado, mas novas experiências são a única maneira de abrir as mentes para novos pensamentos – em especial se as pessoas estão gostando do processo. Companhias inteligentes sabem que isso funciona.

Se você é inteligente, terá várias atividades disponíveis – mais do que precisa – e as usará em vários pontos da sessão a fim de manter o grupo acordado. Será ainda melhor se as atividades estiverem ligadas a perguntas de estratégia fundamentais que todos venham a responder e debater juntos.

Objetivos e questões focadas

Uma vez que os participantes estejam aquecidos, passe para uma breve discussão dos objetivos da sessão. O que quer realizar? Você deve considerar não mais do que três a cinco objetivos. Envolva as pessoas para poder manter o tom aberto da conversa de mão dupla daquele dia.

Normalmente, não é o líder do grupo que faz isso, porque essa discussão permite que o líder seja um membro da equipe ou que fique pronto para tomar decisões sobre recursos quando estas decisões forem necessárias.

Projete as perguntas básicas na parede

Deixe claro que essas perguntas servirão como estrutura da discussão e por fim vocês vão revisar o progresso e as possibilidades da estratégia como parte da tarefa de melhorar tanto os planos quanto o desempenho.

Onde estamos agora?

Uma atualização e visão geral dos fatos principais sobre a posição da organização é uma boa ideia. As pessoas precisam ter a informação básica e precisam saber que é seguro falar. O CEO da Ford deixou claro que palavras francas eram necessárias (veja a página 189). O CEO da Apple disse que eles precisavam mudar o mundo – e queriam ideias para fazer isso.

Para onde vamos?

Essa é a chance do grupo de conseguir um pouco de estímulo para o cérebro. Eles precisam de novas ideias do seu grupo estratégico e de exemplos de outras indústrias. Você precisa abrir suas mentes para possibilidades, inspirá-los a aplicar novos modelos e exemplos de seu próprio trabalho. Não há uma resposta única para a pergunta, mas você quer que as pessoas estejam prontas para melhorar e seguir em frente. Você também quer que as pessoas sugiram direções imaginativas que a companhia poderia tomar.

Para onde queremos ir?

Esse é um passo mais prático do que a última pergunta, mas ainda é sobre a vantagem de direções específicas. Você vai querer concentrar o grupo um pouco mais na direção – entre todas as opções disponíveis – que deseja escolher. Trabalhe com os indivíduos e depois com os subgrupos em direções, destinações e missões diferentes que possam fazer sentido e inspirar.

Dependendo da duração da reunião, ela deve seguir para a ação. As pessoas querem saber o que vai acontecer em seguida e você terá uma resposta melhor se alternar entre objetivos estratégicos desejáveis e planos estratégicos verossímeis.

Que mudanças precisam ser feitas?

Essa pergunta é feita à luz das respostas dadas às perguntas anteriores. O grupo quer comparar onde a companhia (ou equipe ou grupo) está com onde quer que ela esteja. Descubra diferenças entre a posição atual e a posição desejada. Faça com que o grupo anote suas visões individuais e então reúna-as numa lista com a qual possa lidar.

Como as mudanças devem ser feitas?

A mudança não é automática, mesmo que a gestão sênior envie e-mails dizendo que ela é necessária. O grupo deve pensar em dois tipos de mudança. Há mudanças que eles mesmos podem fazer, incluindo muitas decisões e qualquer outra coisa que você só tem de comprar, e há muitas mudanças que envolvem o comportamento e a ajuda de outros.

É o segundo conjunto – as mudanças profundas – que normalmente mais importa e é por isso que você tem de pensá-las com cuidado. Você deve considerar quando e como fazer – ou quando solicitar – as mudanças que vão cativar as pessoas. Você quer corpos fazendo coisas, mas realmente precisa de seu engajamento intelectual, emocional e criativo para tornar a estratégia um sucesso.

Essa também é uma discussão bem prática, já que em algum

momento incluirá os detalhes das mudanças, as respostas para o que, quem, como e quando, que indicam que algo está realmente mudando.

Como devemos medir o progresso?

Parte do progresso consiste em completar as mudanças que você descreveu, mas há mais. Você precisa conhecer um conjunto relativamente pequeno de medidas que lhe permitirão saber se está chegando mais perto de seus objetivos estratégicos gerais. Essas medidas precisam ser equilibradas para refletir os aspectos brandos e duros do que você quer alcançar (veja a página 238), mas também necessitam ser suficientemente precisas para permitir que o progresso fique claro.

O que vem em seguida?

Qualquer sessão específica responderá a perguntas diferentes em diferentes níveis de detalhe. Para manter o ímpeto, é importante que cada sessão seja completada com um conjunto claro dos próximos passos definidos em acordo. Eles devem contribuir para a estratégia geral e para as mudanças, devem ser de curto prazo (dias e semanas, não meses ou anos) e necessitam ser precisos, com nomes e datas.

Sucesso

Os critérios para o sucesso vão variar. Eles dependerão da quantidade de tempo que você gasta nas perguntas, de quem está envolvido e a que estágio você chegou em seu processo de gestão de estratégia.

O grupo vai ter uma boa compreensão da posição existente da companhia e a importância e o propósito de cada uma das perguntas. As pessoas verão como as perguntas se encaixam umas nas outras. Terão passado tempo explorando o que realmente querem alcançar e como tornar isso possível.

Pensar como um estrategista é trabalho intelectual exigente, então eles podem estar cansados depois de uma sessão bem produtiva. Avise-os, *antes* de a sessão começar, que esse tipo de fadiga é natural. Se eles contarem com isso, vão achar mais fácil enxergar o progresso que foi feito. Será um bom sinal se, em algum ponto no meio do processo, as pessoas sentirem que estão trabalhando duro.

A estratégia também pode ser muito divertida, tanto em termos intelectuais como emocionais. Uma ótima sessão vai envolver riso. Também pode envolver um senso de alívio, uma diminuição da pressão conforme se fazem progressos nas perguntas. O grupo deve estar trabalhando como um grupo; as pessoas devem desenvolver hábitos multifuncionais, mais eficientes para responder a perguntas estratégicas.

Sinais do seu sucesso como estrategista

➤ Você agendou reuniões de estratégia como parte do processo de estratégia.

➤ Todos que participam da reunião pensam nas perguntas de estratégia.

➤ A reunião de estratégia inclui atividades intelectualmente instigantes.

➤ O progresso é realizado por meio das perguntas de estratégia básica.

➤ O kit de ferramentas é usado para moldar e esclarecer a discussão.

➤ Todos estão energizados e certos dos próximos passos no final da reunião.

Armadilhas

Reuniões de estratégia envolvem temas que são delicados em termos emocionais, então elas podem facilmente degenerar em algum tipo de luta pelo poder. Essa luta pode ser passiva, em que jogos sutis são jogados para impedir o progresso ou a franqueza. Também pode ser ativa, de maneira que os participantes gritam, discutem ou obstruem abertamente o processo.

Algumas vezes, o grupo é intimidado pelo participante com posto maior na hierarquia, então não ocorrem muitas discussões significativas, apesar da disposição dos participantes. Outras reuniões são positivas, mas tão vagas que não há muito seguimento possível. Isso é frustrante para aqueles que investiram seu tempo e energia.

Alguns participantes terão experiências de outras sessões de estratégia. Essas sessões podem ser sido bastante não inspiradoras ou eles podem ter participado de um processo que teve um resultado negativo – como parte de um plano para realizar cortes, por exemplo. Eles podem ter contribuído de maneira entusiástica no passado e estarem receosos de fazer isso de novo ou podem associar estratégia com crítica e obsessão financeira.

Checklist do estrategista

- Planeje cada reunião de estratégia no contexto da posição geral da companhia (crescendo, estável ou em declínio). Você deve ter um senso de que tipos de desafio estratégico sua empresa está enfrentando. Faça algum pensamento estratégico para entender que tipo de reunião deve ser realizada.

- Inicie conversas estratégicas antes da reunião. Idealmente, os integrantes do grupo devem começar a pensar sobre as perguntas antes de se reunirem e você pode se envolver em conversas individuais que preparam o caminho para uma sessão mais produtiva.

- Consiga tempo suficiente para o tipo de reunião de que você precisa. Algumas horas para lidar com todas as cinco perguntas pode ser contraproducente – o que você precisa é de algo como alguns dias ou uma semana. As pessoas vão se opor a isso, mas vocês realizarão mais progresso se conseguirem esse tempo. Se não puder mesmo arranjar esse tempo, reduza a pauta de cada sessão para conseguir que algo seja completado.

- Assegure-se de que cada reunião termine com passos de ação específicos, de forma que o impulso seja criado e mantido. As pessoas gostam de ver progresso e você deve criar algo que se torne mais popular conforme o tempo passa.

- Relaxe e curta a sessão. Se não puder relaxar, então ajude os outros a relaxarem. O estilo do aprendizado é importante para a eficiência do pensamento.

Ideias relacionadas

Há vários livros sobre reuniões, mas há um que é útil se você quiser ter uma ideia real do que é possível. *Retreats that work: everything you need to know about planning and leading great offsites* [Retiros que funcionam: tudo o que você precisa saber sobre ótimos locais fora da empresa para planejamento e liderança], de Merianne Liteman, Sheila Campbell e Jeffrey Liteman.

Gerenciar mudanças, fazer a estratégia funcionar

A maioria das estratégias envolve mudança. As pessoas vão ter de mudar algo que estão fazendo para trazer a estratégia à vida. Você precisa ser capaz de traduzir sua estratégia em ações, tarefas e projetos. Também precisa comunicar a lógica e o propósito da estratégia para que as pessoas fiquem engajadas com o trabalho e estejam dispostas a ajudá-lo a ser bem-sucedido.

Frequência – Anualmente e depois continuamente.
Participantes-chave – Você e sua organização.
Avaliação de estratégia – Parte 6

O McDonald's era conhecido por ser não saudável, sujo, inconveniente, barato, antiético e antiquado. Em resposta, o novo CEO introduziu uma nova estratégia: o "Plano para Vencer". Ele cabia em apenas uma página e explicava de maneira bem clara as mudanças necessárias para que todo mundo entendesse o que era exigido. A missão mudou de "melhor restaurante fast-food" para "lugar e maneira favoritos de comer".

Essa mudança de estratégia clara levou a mudanças igualmente claras. Em vez de aumentar o número de locais, eles melhoraram a experiência do consumidor. Apresentaram comidas mais saudáveis, café gostoso, interiores que eram melhores do que os dos concorrentes e wi-fi de graça. De repente, os concorrentes estavam lutando para alcançá-los. A estratégia produziu oito anos de crescimento de vendas. O McDonald's mudou de atitude porque atraiu a participação de todos os funcionários com uma estratégia clara que fazia sentido e motivava a ação.

Objetivo

A estratégia envolve mudança porque tem de se adaptar aos

concorrentes, à tecnologia e aos clientes. Se você muda a estratégia, mas não é bem-sucedido em mudar a companhia, então a estratégia é desperdiçada. Pior, a companhia pode não ser bem-sucedida no sentido de se adaptar a maneiras que lhe permitam crescer e prosperar.

O exemplo do McDonald's mostra a importância de ter clareza ao implementar as mudanças estratégicas. As mudanças são feitas por pessoas; estas só podem ajudar se sabem o que é esperado e só vão ajudar se se sentirem engajadas com a direção da estratégia.

Contexto

A estratégia pode ser correta, mas também pode ser tão tediosa que ninguém queira lê-la. Pode incluir novas ideias, mas elas não serem confiáveis. Pode ser tão complexa que leve mais tempo para lê-la do que fazer qualquer coisa a respeito. Pode ser tão vaga que as pessoas não saibam o que se espera delas.

Vale a pena pensar em tornar a estratégia cativante mesmo antes de se ter uma estratégia em vigor. Você pode criar a estratégia em segredo, sozinho e passar meses tentando vendê-la para pessoas na companhia, mas é bem melhor passar meses envolvendo as pessoas na proposta de criar uma estratégia que elas entendam.

- Quantas pessoas você consegue envolver na criação da estratégia?

- O que pensam as pessoas que trabalham para você?

- Qual é a maneira mais simples de comunicar a estratégia?

- O que inspiraria a maioria das pessoas a realmente participar da estratégia?

- Como você faz a estratégia ir além do superficial?

Também é importante considerar a escala e a natureza da mudança que sua estratégia exige. As mudanças podem ser grandes ou pequenas. Elas podem envolver evolução ou revolução. Podem ser positivas ou negativas. Podem envolver a perda ou o aumento de empregos. A estratégia pode exigir novas habilidades ou ações. Pode envolver áreas diferentes do negócio de maneiras diferentes. Pode ser mais concentrada no ambiente externo ou no interno.

A mudança vem de perspectivas diferentes, as respostas às mudanças vêm de perspectivas diferentes, e as mudanças não serão bem recebidas por todos da mesma maneira. Essas tensões desencadeiam a tentativa de realizar mudanças e vão moldar o que vier a acontecer.

Pode haver muitos conflitos entre diferentes grupos de interesse ou discordâncias sobre planos conflitantes para o futuro. Pode haver falta de clareza sobre o que precisa ser realizado de maneira que nada seja feito claramente. Há com frequência ganhadores e perdedores e ambos têm sentimentos bastante diferentes sobre a estratégia.

Desafio

Há dois desafios principais: como reduzir o desperdício de esforço discutindo qual mudança deve ou não ser feita e como se assegurar de que a decisão que está sendo tomada é a certa para obter sucesso na mudança.

Felizmente, a melhor solução funciona para ambos os desafios. Primeiro, torne a estratégia clara e fácil de modo que todo mundo a entenda. Isso ajuda as pessoas a saberem como contribuir de maneira positiva. Também aumenta as chances de que elas venham a querer contribuir. Segundo, inclua pessoas na criação da estratégia e em seus elementos operacionais. Repasse com elas a lógica que está por trás da estratégia e as escolhas disponíveis para que a estratégia possa ganhar vida.

Também é imensamente importante que você escute o que está sendo dito. A resistência a mudanças pode apontar fraquezas e lacunas enquanto ainda há tempo para fortalecer áreas e preencher lacunas. O pensamento estratégico é contínuo e esse tipo de informação deve refinar e desafiar seus pontos de vista.

Outro desafio é tentar desenvolver uma organização que tem

fome de mudança. Uma organização estável o suficiente para ser produtiva e eficiente, mas também capaz de ser flexível e aberta – até mesmo faminta por mudança. Se uma boa mudança é bem-vinda, ela não será ignorada, a não ser que seja considerada um problema. Se as pessoas que amam mudanças não gostam de uma mudança, então você deve prestar atenção.

Sucesso

Normalmente, uma nova estratégia bem-sucedida é resultado da resposta a um desejo por mudança. Esse desejo cresce com o tempo quando há insatisfação em relação à maneira como as coisas são. Mas ele é equilibrado pelos custos e pelo esforço de realizar essas mudanças. A mudança só vai acontecer quando houver mais desejo por mudança do que por estabilidade.

Sua tarefa é responder de modo inteligente ao desejo real por mudança (e melhoria) que já existe. Trabalhe com as forças que querem a mudança para que ela se torne orgânica, em vez de mecânica. Dessa maneira, você estará trabalhando junto com as pessoas em vez de contra elas. O atrito é reduzido e há mais chances de que você – no mínimo – venha a tentar algo desejado e respeitado pelas pessoas.

Cuidadosamente, siga um processo capaz de traduzir a estratégia em cinco ou seis princípios que indiquem de maneira clara o tipo de comportamento necessário para ser bem-sucedido. Comunique esses princípios simples (e a lógica por trás da estratégia) de novo e de novo. Ouça com atenção divergências, descontentamentos e opiniões – use-os para melhorar a estratégia e as ações que surgem a partir dela.

Sinais do seu sucesso como estrategista

➤ Você identificou as mudanças necessárias para sua estratégia funcionar.

➤ As pessoas da companhia estão envolvidas num processo de estratégia dinâmico.

A fadiga em relação às mudanças é evitada envolvendo as pessoas apenas com mudanças necessárias.

Ferramentas de mudança são usadas para entender a natureza da mudança humana.

A companhia se torna confortável quanto a questionar e implementar mudanças.

Armadilhas

Se é comum haver mudanças, isso pode se tornar entediante. A parte essencial de cada novo conjunto de mudanças pode ser perdida em meio a outras mudanças concorrentes que ainda não foram completadas. As mudanças podem ser contraditórias, de maneira que um conjunto acabe ignorado, ou mudanças conflitantes podem ser realizadas, embora neutralizem umas às outras. Você pode pensar que está fazendo mudanças quando não está ou pode subestimar o esforço envolvido em fazer mudanças inerentes a sua estratégia.

Checklist do estrategista

- Considere a escala e natureza das mudanças que a nova estratégia vai trazer. O que tem de mudar? As mudanças são grandes? Quem será afetado? De quem você precisa para realmente fazer a estratégia funcionar?

- Pense no papel de agentes de mudança externos para ajudar as pessoas a imaginar as mudanças futuras, o design e as respostas organizacionais.

- Tente criar mudanças em que as pessoas acreditam porque fizeram parte da criação da estratégia original e de suas implicações.

- Use a análise de campo de força para avaliar as forças a favor e contra qualquer mudança específica (veja as páginas 234-5).

- Use o modelo de orientação e motivação para descobrir se sua estratégia e a maneira como ela é comunicada vai envolver as pessoas (veja as páginas 232-3).

- Use as oito fases de Kotter para examinar como você passa da estratégia inicial para a implementação completada. E então comece de novo (veja as páginas 236-7).

Ideias relacionadas

Chris Argyris propõe a ideia de rotinas defensivas para explicar por que as organizações não mudam. Indivíduos em grupos diferentes conspiram para evitar mudanças difíceis sem confrontá-las diretamente. Outros não apontam isso porque ninguém quer que seus santuários de inércia sejam identificados.

Entendendo o que pode dar errado

Há várias coisas que podem dar errado com sua estratégia. Você pode ter escolhido erradamente o posicionamento, o produto ou a combinação de custo, a diferenciação ou o foco. Com igual frequência, a ideia planejada na estratégia não consegue se transformar em realidade.

Frequência – Entenda uma vez e então revise.
Participantes-chave – Você e sua equipe.
Avaliação de estratégia ★★★★

O exemplo mais famoso de uma empresa que entendeu o que podia dar errado com sua estratégia é o da Shell. Eles usaram o poder de pensar cenários a fim de se preparar para uma gama de futuros possíveis que incluíam uma crise do fornecimento de petróleo. Quando isso aconteceu – nos anos 1970 –, a Shell estava preparada intelectualmente (e em termos práticos) para se adaptar.

Mas muitas outras organizações não antecipam problemas potenciais, ou tentam fingir que os problemas nunca vão acontecer de verdade no futuro. Essa assim chamada "emergência longa" é com frequência a causa básica do fracasso estratégico. As pessoas veem que pode haver um problema, mas não querem realmente explorar seus piores medos. Ou não têm tempo para considerar potenciais pesadelos de forma criativa.

Os planos estratégicos específicos contêm várias falhas embutidas desde o início. Primeiro, eles têm um prazo de validade, depois do qual alguém, em algum lugar, vai tornar sua estratégia (ou oferta) obsoleta. O sucesso está numa contagem regressiva desde o primeiro dia. Segundo, os planos estratégicos têm um botão de autodestruição, que é pressionado se a companhia se torna uma versão extrema de si mesma. Terceiro, a estratégia que obtém sucesso atrai dinheiro e dinheiro torna as pessoas preguiçosas e voltadas para dentro da empresa. Toda companhia bem-sucedida que falhou foi por um desses motivos.

Objetivo

Muitas estratégias – em especial estratégias de mudança – não conseguem realizar o que foi prometido. É fácil demais produzir estratégia que não é adequada ao propósito, você pode até mesmo pagar milhões para outra pessoa preencher os quadros e tabelas para poupá-lo de fazer o esforço. Seu documento pode ser bonitinho e ainda assim falhar.

Se a direção não for clara ou não for bem compreendida, torna-se ainda menos provável que leve a uma ação coerente. Haverá tarefas completadas e projetos tentados, mas eles não serão suficientes para garantir o sucesso da estratégia. É importante que haja uma lógica clara e princípios para a ação. Esses princípios vão proporcionar a orientação para as pessoas na empresa inteira, e elas saberão que ações e que estilo de ações a estratégia exige.

A estratégia depende do compromisso das pessoas que têm de fazê-la funcionar. Se não acreditarem na proposta, elas não vão apoiá-la. Não ficarão inspiradas por ela, não realizarão seu melhor esforço para atentar aos detalhes. Nenhuma estratégia é completa no papel, ela exige a criatividade engajada dos funcionários, parceiros e clientes para torná-la completa.

As pessoas podem combater essa nova estratégia não porque discordem dela em relação à empresa, mas porque não gostam das consequências para seu trabalho ou departamento. É possível que elas usem uma variedade de técnicas de resistência. Podem apenas fazer seu trabalho e ignorar as implicações da estratégia. Podem tentar deliberadamente impedir a estratégia de funcionar falando ou trabalhando contra ela.

Ou pode acontecer de elas amarem a estratégia (que está certa), mas ainda assim esta falhar porque lhes falta as habilidades necessárias para completá-la. Não adianta as pessoas trabalharem duro se não sabem como fazer a tarefa necessária para dar vida à estratégia.

De maneira semelhante, pode acontecer de as pessoas amarem a estratégia e terem habilidades para fazer o trabalho, mas falharem por falta de disciplina. A estratégia corre o risco de falhar por causa de processos inadequados ou inapropriados; ela também é passível de falhar por carência de recursos. Uma falta de entendimento por parte daqueles que criaram e guiaram a estratégia é a causa comum da lacuna entre a ideia e a realidade.

Contexto

Não há garantia de que uma direção estratégica específica seja certa – ou que venha a gerar os resultados esperados. É por isso que este livro enfatiza a importância da estratégia criativa e de reagir além de planejar. Ainda assim, se não existe nenhuma ação, é improvável que haja o sucesso desejado, e, se a ação for continuamente deslocada e contraproducente, uma estratégia, mesmo sendo boa, não vai funcionar.

Vale a pena examinar com cuidado as diferentes causas pelas quais sua estratégia pode dar errado. Vale a pena perguntar o que acontece se você:

- Avaliou mal o tamanho do mercado.
- Subestimou os custos envolvidos no plano.
- Superestimou o apoio dos parceiros.
- Entendeu mal os os principais conhecimentos e fatores de sucesso.

Faz sentido embutir uma revisão regular dos pressupostos e do progresso no processo formal de estratégia. Também é útil incluí-la em uma parte contínua do seu pensamento estratégico. O que fazemos se a estratégia estiver errada? Isso é parte do processo de revisão de desempenho, mas também vai refletir estilos de liderança diferentes relacionados à estratégia e à implementação. Cada um tem suas próprias perguntas condutoras:

Como eu formulo a estratégia perfeita?

Você pode decidir que sempre sabe mais e que sua estratégia é um plano perfeito para o sucesso. Pode passar tanto tempo pensando na estratégia perfeita que esquece que tem de transformá-la em realidade. Há muitos casos em que CEOs e grandes consultores de estratégia criaram documentos complexos bastante caros sem nunca pensar na implementação.

Como implemento minha estratégia?

Você acha que sua estratégia é perfeita no papel, mas ela tem de ser realizada. Nesse caso, o importante é garantir a obediência estrita a um plano de ação detalhado. Planos de ação detalhados podem emergir e ser enviados para baixo na organização por meio de conjuntos de reuniões em cada nível da hierarquia.

Como consigo o compromisso da alta gestão?

Você sente que a implementação da estratégia vai se beneficiar do compromisso dos gestores de nível mais alto, então tenta envolvê-los desde quando formula a estratégia. Você dá a eles tempo para comentar e lhe fornecer feedback. Você quer insights e detalhes de *como* eles vão fazer a estratégia funcionar em vez de perguntas ou contribuições que mudem a estratégia.

Como envolvo todo mundo na estratégia?

Você pode escolher alternar entre a estratégia que tem em mente e o que aprendeu sobre as implicações da estratégia no mundo real. Você envolve pessoas de toda a organização em parte como uma maneira de engajá-las, mas também porque elas têm insights sobre a direção da estratégia *e* sua implementação. Seus insights podem mudar a intenção e a posição, ou mesmo criar estratégias alternativas capazes de substituir a estratégia original que você tinha em mente.

Desafio

Você vai querer testar sua estratégia, submetê-la a críticas ou pelo menos a alguns cenários gerados pela imaginação. Isso não precisa exigir anos ou meses de esforço, apenas um pouco de experiência mesclada com criatividade.

- O que pode dar errado com sua estratégia?
- O que pode dar errado no ambiente externo?
- Como os pressupostos competitivos podem falhar?
- O que pode dar errado internamente que detenha a implementação?

Use as várias ferramentas do kit do estrategista para examinar o lado oculto do futuro. Você pode usar a análise SWOT para examinar especificamente forças, fraquezas, oportunidades e ameaças à sua estratégia. Imagine diferentes cenários para eventos futuros e o impacto que eles podem causar em sua estratégia.

O que pode dar errado?	Como podemos reagir?	Como podemos nos preparar?

O que pode dar errado?

Vale a pena começar com os problemas que primeiro vierem à mente. A intuição estratégica pode ser bastante eficiente como atalho analítico. Monte uma lista de coisas que podem dar errado. Peça a colegas para fazerem o mesmo. Junte-as para examinar as preocupações comuns e os insights minoritários. Use as ideias que aparecem ao longo deste livro, em especial aquelas sobre riscos que estão na página 53.

Como podemos reagir?

Pense sobre as respostas para cada um dos problemas potenciais. O que você faria para reagir a ameaças dos concorrentes? Ou a dificuldades de fornecedores ou de fornecimento? Ou se seu produto se mostrar mais popular (ou menos popular) do que o planejado? Quanto tempo você esperaria para fazer mudanças na estratégia? O que poderia fazer para mudar planos e processos operacionais no sentido de apoiar a estratégia se as coisas derem errado?

O que podemos fazer agora para nos preparar?

Pense nos processos que você pode colocar em funcionamento para detectar problemas na estratégia. Pense como se assegurar de que pode modificar rapidamente alguns aspectos da estratégia. A estratégia não é tão importante quanto a saúde e o sucesso da organização, então esteja preparado para sacrificar o orgulho temporariamente a fim de preservar uma reputação de longa data.

Sucesso

Fazer a estratégia funcionar é um processo contínuo, mas reconhecer o que pode dar errado e se preparar para isso é importante por si só. Você vai valorizar mais a flexibilidade na organização se ela o resguardar e permitir que estratégias mais arriscadas, valiosas ou lucrativas sejam tentadas. O sucesso está em descobrir quais podem ser os problemas, o que você vai fazer para reagir a eles e como pode preparar a organização agora. Um plano B sensacional é o melhor amigo do estrategista.

Sinais do seu sucesso como estrategista

- Você pensou sobre as maneiras pelas quais sua estratégia pode falhar.
- Você considerou como estilos de liderança lidam com problemas de estratégia.
- Há uma lista compartilhada de coisas que podem dar errado.
- Você se preparou para o que pode dar errado no futuro.
- Você tem uma organização pronta para se adaptar a problemas futuros.
- Sua estratégia é adaptada (onde possível) para evitar problemas.

Armadilhas

Pensar no que pode dar errado às vezes se torna uma obsessão. As pessoas começam a evitar fazer qualquer coisa que tenha chance de dar errado. Esse tipo de obsessão é uma das coisas que podem dar errado. Você talvez se torne cauteloso demais para fazer com que a estratégia seja bem-sucedida. É tentador tanto evitar problemas como esperar por problemas. O melhor caminho é manter as pessoas flexíveis para poderem se ajustar e reagir.

Checklist do estrategista

- Pense no que pode dar errado com sua estratégia. Inclua os problemas possíveis em reuniões, pois discutir o lado negativo é uma parte importante do funcionamento da estratégia.

- Reflita criativamente sobre o que você pode fazer agora a respeito de problemas que venham a ocorrer no futuro. Como um desastre mudaria sua estratégia? Que impacto mudanças no governo teriam? O que, no quadro global, pode afetar sua estratégia?

Ideias relacionadas

Larry Bossidy e Ram Charan defendem no livro *Execução – A disciplina para atingir resultados* que a disciplina para realizar coisas é o que realmente separa a estratégia bem-sucedida da estratégia fracassada. Pessoas, estratégia e operações têm de trabalhar juntas com diálogo, honestidade e realismo. Isso levou, em alguns casos, a uma obsessão na execução. Realizar a coisa errada, mesmo sendo bem feita, ainda é a coisa errada.

Salvando sua companhia do fracasso

Organizações fracassam, mas não têm de fracassar. Uma estratégia engenhosa pode representar um papel importante no sentido de prevenir isso. Ela também pode fazer uma contribuição valiosa para ajudar sua empresa a dar meia-volta quando houver perigo. E a estratégia também pode ajudá-lo a ver que o fracasso precisa ser encarado e superado muitas vezes. Salvar sua companhia do fracasso é o que você tem de fazer sempre.

Frequência – Regularmente.
Participantes – As equipes de alta gestão primeiro.
Avaliação de estratégia ****

A Ford estava encarando o fracasso. As vendas tinham caído 25%. Ela havia revelado a maior perda em sua história corporativa. As dívidas eram tão gigantescas que sua classificação de crédito chegara a zero. As margens de lucro por carro eram baixas e a companhia acabara de anunciar que não voltaria a ter lucro por mais cinco anos.

O novo CEO – Alan Mullally – havia recuperado a Boeing com sucesso, mas esse seria um grande teste do que ele havia aprendido. Em sua primeira reunião, ele ouviu as apresentações, em seguida se levantou e disse: "Pessoal, vocês percebem que estamos perdendo dinheiro?" Essa pergunta franca e direta fez com que todos apoiassem as decisões difíceis que haviam postergado por tanto tempo. Eles recusaram a ajuda do governo, reduziram custos, construíram parcerias e venderam negócios não essenciais. Dentro de um ano, haviam retornado a um lucro de US$ 750 milhões. E continuaram crescendo.

Objetivo

Entre seus muitos objetivos estratégicos, não falhar é importante. Mas uma organização se depara continuamente com ameaças. Os concorrentes criam algumas delas ao se movimentar mais rápido do que você ou provocando guerras de preço impossíveis de serem vencidas. Novos concorrentes e novos substitutos também causam problemas porque você está organizado para competir da maneira tradicional. Ainda assim, as maiores ameaças são sempre o desempenho da própria organização e sua capacidade de se adaptar a mudanças no ambiente externo.

O ambiente externo, na verdade, é muito importante, pois ele pode dificultar ou facilitar a sobrevivência de sua empresa. Ele pode se mover mais rápido do que você espera. Pode ser mais caótico. Mas o ambiente externo não determina se você vai ter sucesso ou vai fracassar. É a organização que é bem-sucedida ou que falha em se adaptar às exigências do ambiente externo. Então, será mais rentável o estrategista nele concentrar sua atenção.

Há várias opções quando você está tentando mudar a direção de sua companhia. Algumas vezes, a distinção é feita entre mudanças de direção operacionais – *fazer as coisas de forma diferente* – e mudanças de direção estratégicas – *fazer coisas diferentes*. Na realidade, as duas mudanças são tão ligadas que você terá de realizar ambas.

Contexto

Há sempre uma linha-limite de fracasso para qualquer negócio. Além desse ponto, nenhuma recuperação é possível. Você pode não saber exatamente onde está essa linha, mas ela está espreitando em algum lugar abaixo do desempenho aceitável. Há sinais de perigo, mas eles podem não ser óbvios porque você não sabe lê-los ou porque os lê e não faz nada a respeito. Por isso, faça tudo para permanecer longe da linha de fracasso do desempenho (veja gráfico da página ao lado).

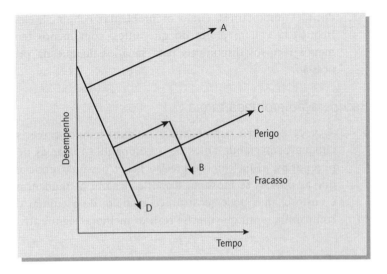

Há muitos motivos pelos quais nada é feito quanto aos sinais de perigo. Sua companhia pode ignorá-los afirmando que o problema de desempenho é só temporário ou que sua organização pode não saber o que fazer a respeito do problema mesmo quando ele é reconhecido. Ela pode não saber por que o desempenho está piorando; pode saber por que, mas não ser capaz de descobrir uma solução; ou não ser capaz de encarar a necessidade de tomar as decisões difíceis exigidas pelas soluções.

Recuperação profunda rápida

Se você reconhece os problemas, então encontre soluções e coloque-as para funcionar. A mudança de direção pode ser bem rápida e acontecer antes mesmo de você entrar na zona de perigo. Você precisa entender as causas do declínio rapidamente e ser capaz de explicar as mudanças necessárias como desejáveis e urgentes.

Recuperação superficial

Se você nota os problemas em algum momento e começa a trabalhar, isso é bom. Se a companhia faz um trabalho pela metade, se você decide por uma mudança superficial ou adia decisões importantes, então os problemas voltam. E eles com frequência voltam piores do que antes, com menos tempo e menos recursos disponíveis para saná-los do que na primeira ocasião.

Recuperação profunda tardia

Se você percebeu o problema há algum tempo, é preciso um choque bem grande antes de a companhia tomar as decisões necessárias, assim como é preciso haver péssimas notícias para que as pessoas se mostrem dispostas a fazer as mudanças. Isso é custoso, mas pode ser a única maneira de a cultura da sua companhia sentir que precisa realizar melhoras significativas.

Desafio

Perceber a ameaça é a primeira parte. Você precisa estar ciente do desempenho da organização e deve estar alerta para mudanças fora da organização que possam ter impacto nos resultados dos negócios. Você pode usar as várias opções do kit de ferramentas do estrategista para construir um sistema de detecção de ameaças.

- Que ameaças podem causar o fracasso da companhia?
- Como você vai reconhecer os sinais de aviso do fracasso em seu negócio?
- Existem produtos substitutos e novos concorrentes?
- Você tem adiado decisões importantes?
- O que os clientes estão dizendo sobre seus produtos e serviços?

Se você consegue perceber rápido, então ao menos tem uma chance de reagir rápido. Um pouco disso tem a ver com ajustes contínuos e pode se tornar parte do dia a dia. Melhore a capacidade da companhia de perceber o que está acontecendo externa e internamente, para que você não caminhe como sonâmbulo rumo a problemas reais.

Outra parte disso pode advir de movimentar-se com muita rapidez para lidar com grandes choques que ameaçam seu negócio. No exemplo da Ford, havia uma mistura de problemas de longo prazo, a emergência longa e choques súbitos relacionados a uma grande recessão. O estrategista deve estar ciente de todos os fatores e ajudar a companhia a lidar com eles. Ajude sua empresa a perceber o esperado e o inesperado. Explore com os colegas como perceber cada tipo de ameaça.

- Você está crescendo rápido demais? Está ficando descuidado com sua expansão?
- Seus controles financeiros são adequados?
- A burocracia está atrapalhando a ação?
- Que novos concorrentes são mais inovadores ou estão crescendo mais rápido?
- Que tendências sociais vão modificar a demanda por seus produtos ou serviços?
- O que seus colegas estão dizendo em pesquisas de funcionários?
- Você tem as habilidades de gestão necessárias para ser eficiente?

Você precisa de gatilhos que lhe permitam saber quando reagir. Alguns deles podem ser embutidos em seus processos de gestão e sistemas de controle. Seus *balanced scorecards* podem ser mais do que indicadores financeiros. O fracasso decorre do fato de não se adaptar, então as questões internas da companhia importam tanto quanto as externas.

Reagir a essa ameaça é o próximo passo importante. A inércia pode impedir as pessoas de fazerem algo porque ninguém quer ser franco quanto ao problema. O primeiro a criar caso sobre uma ameaça potencial pode ser ignorado. Pode até ser criticado por se mostrar pessimista ou difícil demais. Se você notar a ameaça primeiro, vai ter de considerar como e quando chamar a atenção para o problema.

A causa da ameaça também está relacionada com a forma de responder a ela. Se você reagir rápida e eficientemente a um marketing medíocre, poderá evitar um problema maior de declínio de participação de mercado. Se você adiar a resposta a problemas operacionais, eles podem crescer até se tornar problemas estratégicos.

Quando uma ameaça é notada, os gestores costumam reagir primeiro com as respostas mais fáceis, mais óbvias e menos criativas. Se isso não funciona, então tentam algo maior, embora não necessariamente mais criativo. Eles talvez comecem por aumentar o controle, pois controle é algo de que eles entendem. A próxima reação é reduzir custos, porque isso não os afeta de maneira direta.

Estranhamente, conforme as ameaças aumentam e o desempenho diminui, o negócio evita fazer qualquer coisa de forma direta para neutralizar a ameaça ou melhorar o desempenho – mesmo que seja exatamente o que é preciso. Os melhores funcionários talvez deixem a companhia porque enxergam o que está por vir. Outros permanecem, procurando desculpas e bodes expiatórios. Ainda assim, nada é feito para resolver o problema de maneira criativa e direta.

Dificilmente a alta gestão vai aceitar a desmoralização e admitir que sua direção e implementação foram falhas. É ainda mais difícil para eles encontrar alternativas para a maneira como sempre gerenciaram. Eles fizeram seu melhor esforço e não têm mais nada a oferecer.

Algumas vezes, bons resultados impedem a companhia de fazer mudanças que teriam proporcionado resultados ainda melhores. Nesse sentido, o "bom" é inimigo do "melhor", mas também é o amigo de um fracasso eventual. Há muitas organizações que acabam vacilando estratégica e operacionalmente enquanto produzem dinheiro suficiente para manter a alta gestão empregada. Nesses casos, somente choques súbitos externos ou internos são capazes de forçar uma ação.

Quando finalmente uma decisão é tomada para se levar a efeito mudanças significativas, com frequência há um novo líder no comando. Algumas vezes, os líderes existentes vivenciam algum tipo de transformação pessoal que lhes permite agir como novos líderes.

Sucesso

O ponto de partida para o sucesso é perceber o problema e examiná-lo com clareza. É preciso que haja uma discussão aberta e honesta sobre o que não está funcionando e o que tem de acontecer. Você precisa distinguir entre os velhos comportamentos que o colocaram nessa situação difícil e os novos comportamentos que podem salvá-lo.

É importante contar com qualquer ação (legal e ética) que precise ser tomada para sobreviver no curto prazo. Essas são normalmente questões financeiras. No entanto, o crescimento de negócios (e sua saúde) não vem só do corte de gastos. Se errar, você pode cortar de tal forma que venha a desaparecer.

Você terá uma compreensão clara dos problemas. Vai compartilhar essa compreensão com seus colegas. Tentará tornar esse diagnóstico tão claro quanto possível e definirá limites de tempo e expectativas para encontrar soluções e implementá-las. A maioria dos esforços de recuperação nunca começa de verdade, então não se pode esperar que se encerrem.

Se você está próximo da linha-limite de fracasso, o mais importante é se concentrar. Por exemplo, o conselho padrão é resistir à tentação de diversificar. Tais esforços podem confundir a empresa bem no momento em que ela precisa de clareza. Isso só não se aplica se você tiver identificado o fim da linha para seu mercado específico e dispuser de dinheiro suficiente para saltar para outro.

Conseguir gestores melhores pode ser uma solução; a maioria das empresas bem-sucedidas mudou grande parte da equipe do topo. Mas lembre que a equipe existente pode dispor de soluções que não teve a condição de experimentar, então o passo mais importante é trazer essas ideias à luz e experimentá-las.

Melhorar seus gestores ao fazê-los falar com criatividade e de maneira franca gera benefícios gigantescos. É algo poderoso proporcionar a eles facilitação ou coaching, a fim de lhes dar a confiança, as habilidades e a especialidade estratégica para salvar a companhia.

Reduzir as dívidas não é realmente uma prioridade porque o dinheiro é uma maneira importante de sobreviver. A chave é apenas encontrar formas de fazer com que os credores confiem em você, de modo que possa usar o dinheiro para investir em soluções para os problemas. Você pode reduzir níveis de dívida mais tarde, quando for do seu interesse financeiro.

Melhorar margens de lucro operacionais é útil porque permite que você ganhe mais dinheiro com seus esforços para aumentar a demanda e desvie mais fundos para outras melhorias.

Melhorar o marketing e a inovação é essencial. Isso não significa gastar mais em propaganda – embora possa significar. Significa que o marketing é tudo entre o cliente que compra seus produtos e a forma como eles são produzidos. Compreender melhor seu cliente e criar produtos mais inteligentes e valiosos é a chave para o sucesso sustentado e a recuperação.

Sinais do seu sucesso como estrategista

- Você sabe o que pode ameaçar a sobrevivência do seu negócio.
- Todo mundo está procurando por sinais de aviso e discutindo-os abertamente.
- Possíveis atrasos para reagir a ameaças são entendidos.
- O marketing e a inovação são melhorados para fazer com que a companhia continue se adaptando.
- Você conhece os passos básicos para evitar o fracasso e manter um crescimento sustentado.

Armadilhas

Em tempos de crise, é natural parar de pensar de forma clara e continuar na direção que está causando o problema. Você pode receber conselhos para emitir comandos à distância, adotando uma abordagem de cima para baixo – isso é errado. Você precisa ter uma boa percepção das bases e estar preparado para tomar decisões oportunas e claras. Mas isso não é o mesmo que ser autoritário.

Você também precisa penetrar no cerne da organização em busca de um diagnóstico do que não está funcionando. Precisa da participação de seu pessoal e de sua experiência. É tentador parar de ouvir, ou ficar paralisado pelos problemas, mas é importante se concentrar de maneira clara em melhorar a parte interna de sua organização para atender os desejos reais de seus clientes.

Checklist do estrategista

- Explore as ameaças que você está enfrentando ou pode enfrentar. Examine suas causas e suas possíveis reações. Como vai reconhecê-las? Quais são os sinais de aviso? Em que ponto você deve ficar preocupado?

- Discuta as reações genéricas a problemas de desempenho. O que você pode fazer agora para se preparar? O que pode fazer para evitar problemas no futuro? Como pode usar ameaças potenciais para envolver a organização na melhora do que é feito agora?

- Considere como você pode criar um sistema de detecção de ameaças melhor e mais sensível. Conecte-se e ouça os clientes e todos os funcionários. Use pesquisas dos funcionários, discussões em grupos, bate-papos informais e um quadro de recados anônimos. Qualquer coisa para garantir que você não seja o último a saber.

- Desenvolva uma função de marketing e inovação contínuos que seja ávida por mudanças em todos os níveis e se mostre capaz de ver e fazer isso de um modo mais claro do que os concorrentes.

Ideias relacionadas

Donald Hoffman defende que há estratégias genéricas para recuperação. Reestruturação – mudar altos gestores e a cultura; redução de custos – diminuir despesas, vender bens, livrar-se de bens não essenciais; mudança de marketing e produtos – buscar aumentar a demanda de forma defensiva e ofensiva; reposicionamento – encontrar novos mercados e clientes. Essas estratégias precisam ser usadas juntas, de forma criativa e decisiva, de modo que se encaixem nas suas circunstâncias e estratégia.

parte

seis

O kit de ferramentas do estrategista

Estratégia não é a mesma coisa que modelos ou ferramentas de estratégia. Ainda assim, é útil conhecê--las, pois servem para você lidar de maneira eficaz com a estratégia corporativa. E, se usá-las junto com os princípios e desafios apresentados neste livro, elas podem ser eficientes para organizar e compartilhar seu pensamento estratégico.

Nesta seção, apresento uma seleção personalizada de ferramentas de estratégia. Primeiro, estão as mais populares, usadas com frequência no ambiente de trabalho. Em seguida, há algumas das ferramentas mais influentes do campo da estratégia e gestão. Por fim, há ferramentas que foram valiosas no meu trabalho com algumas das organizações mais bem-sucedidas do mundo.

Elas são mostradas de uma forma eficiente, de modo que se tornem fáceis de usar. A ideia é que você realmente faça diferença ao oferecer um melhor pensamento estratégico à sua equipe, departamento ou organização.

As perguntas básicas (poderosas) de estratégia

Às vezes, os estrategistas ficam tão interessados em tudo que esquecem de deixar claro o que é a estratégia e – de maneira igualmente importante – a que perguntas ela responde. Há alguns benefícios em ser misterioso, mas funciona mais quando as pessoas sabem o que a estratégia faz. E funciona ainda melhor se você usar as perguntas para moldar seu pensamento.

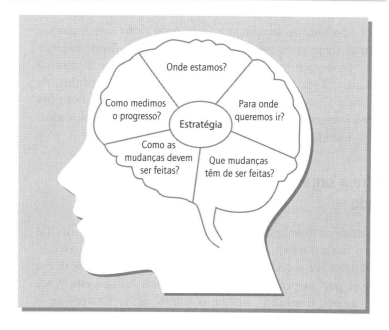

Como usar?

Há cinco perguntas básicas a que a estratégia procura responder. Ao responder essas perguntas, a estratégia está deliberadamente tentando moldar o futuro.

Tenha essas perguntas bem claras na sua mente. Use-as para organizar o que você pensa sobre a organização. Um estrategista deve ter uma opinião sobre onde a organização está agora (e de onde ela vem). Você deve se perguntar aonde quer ir em seguida. Mantenha em mente essas perguntas quando indagar sobre as mudanças que precisam ser feitas, como isso precisa ocorrer e como você pode medir o progresso.

As respostas a essas perguntas estão todas interrelacionadas e mudanças em qualquer uma delas vai impactar todas as outras. O trabalho do estrategista é ter uma compreensão do quadro global, composto pelas respostas para essas perguntas.

Faça perguntas

Você não tem de ser irritante, mas pode pedir informações a pessoas sobre essas perguntas e suas respostas. Descubra onde você pensa que está o negócio. Examine revistas e sites da indústria. Faça uma busca com o nome da companhia na internet. Converse com colegas. Fale com clientes. Descubra como você está "posicionado" em termos de preço, qualidade e exclusividade em sua localização e em seu mercado.

Compare a organização – saiba como o negócio está indo

Examine os números, mas também a reputação do negócio. De novo, use a internet, revistas e conversas com clientes e colegas, mas dessa vez o que você está realmente tentando descobrir é o que as pessoas pensam de você no negócio em que está. Você é o melhor, o segundo melhor, o quinto melhor? As pessoas o amam? Elas o odeiam? Querem que seja bem-sucedido? Você está crescendo ou encolhendo? O futuro é sombrio ou brilhante?

Olhe para a frente e para fora

Pense na direção para a qual a organização poderia ir. Use as várias ferramentas e desafios de estratégia contidas neste livro para estimular melhores perguntas estratégicas e um pensamento estratégico mais eficiente. Colecione marcas e exemplos que o motivam – que você ama – e pense em como eles se relacionam com o que seu negócio faz.

Olhe para dentro

Quão grande sua organização quer se tornar? Qual é o apetite para a mudança? Que tipo de mudança a organização quer realizar? Do que as pessoas estão falando? Quais são as tensões (estratégicas)? Onde estão as oportunidades? Quem está se movimentando mais rápido que você?

Essas perguntas o ajudam a ser um estrategista melhor, e se você se aperfeiçoar na arte de colocá-las para outras pessoas, então será valorizado como um pensador mais estratégico, especialmente se tiver suas próprias opiniões e conhecimento.

Análise SWOT

No mundo real dos negócios, a análise SWOT é a mais popular de todas as ferramentas de estratégia. Provavelmente por ser fácil de lembrar e por parecer lógica (até mesmo óbvia). Ela é uma maneira bem prática e eficiente de começar a explorar o quadro global e decidir o que fazer em seguida.

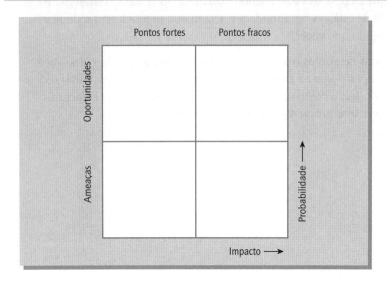

Como usar?

Desenhe uma grade e liste nela as oportunidades e ameaças que tem diante de si e os pontos fortes e fracos de sua organização. Anote as ideias de todo mundo. Não há necessidade de fazer algo extenso ou que possa ser comprovado – a meta é ter uma visão coletiva das questões mais importantes sob cada título.

- Faça todo mundo pensar bastante e com imaginação sobre toda a organização e seu contexto externo.
- Considere os links entre as quatro caixas. Que pontos fortes lhe permitirão tirar vantagem de oportunidades ou superar

ameaças? Que pontos fracos precisam ser resolvidos para que se beneficie deles?

- Priorize sua lista examinando o impacto e a probabilidade relativos.

- Transforme as listas priorizadas em estratégias específicas (ou em planos específicos) com datas e donos. A análise SWOT pode passar do pensamento para a ação.

As 5 forças de competição de Porter

Sua estratégia tem um contexto competitivo. Há forças externas compostas de ações de compradores/clientes, concorrentes existentes, novos participantes, novos produtos e fornecedores. Esse modelo ajuda a enxergar com mais clareza essas forças e responde a elas estrategicamente.

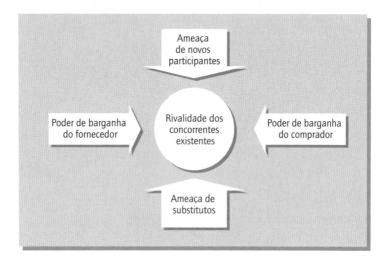

Como usar?

Disponha o diagrama de modo que o grupo possa vê-lo. Comece por buscar uma percepção geral para descobrir se as forças estão aumentando ou diminuindo e em que intensidade isso está acontecendo. Use um número correspondente de sinais de mais ou de menos para ilustrar. Tente dar forma aos instintos do grupo com exemplos específicos que demonstrem a força competitiva.

- Considere por que uma força específica aumenta ou diminui: as barreiras para a entrada estão crescendo ou enfraquecendo? Seu produto é mais fácil ou mais difícil de copiar ou substituir?

- Pense como você pode mudar uma força a seu favor: você consegue trabalhar mais próximo dos parceiros ou clientes? É capaz de desenvolver características de valor adicional e sistemas que reduzam a ameaça de substitutos?

- Explore os exemplos com cuidado: os novos participantes têm uma estratégia que você pode contra-atacar? O que acontecerá se você parar de concorrer com eles? Qual será o resultado se as forças continuarem a aumentar ou a diminuir?

Estratégias genéricas de Porter

Porter também defendia que só há três estratégias gerais para alcançar um desempenho maior do que a média: você pode ser o líder de custo por meio da eficiência, pode desenvolver produtos únicos ou serviços que são diferenciados ou pode se concentrar em nichos do mercado.

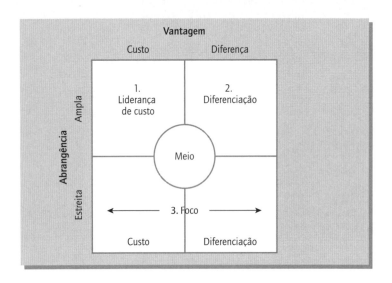

Como usar?

Você pode usar o modelo para descobrir como sua estratégia atual se encaixa nos extremos da liderança de custo, diferenciação e foco. Quem é o líder de custo em seu mercado? Quem tem o produto ou serviço mais diferenciado? Que segmentos estreitos estão recebendo sua atenção e de seus concorrentes?

De acordo com Porter, você tem de escolher um dos três se quiser retornos acima da média. Ele afirma que ficar preso no meio é ruim para os negócios, mas a experiência mostra imensos benefícios para os que conseguem ter baixos custos *e* diferenciar seus produtos. Você pode usar esse modelo para considerar os benefícios de reduzir custos, diferenciar seus produtos ou se focar.

Você pode passar de uma vantagem para outra? A rota tradicional é ir do (1) baixo custo para (2) a diferenciação focada e para (3) a diferenciação mais ampla no mercado de massa. Cada estágio fornece recursos (e credibilidade) para crescer e, se bem realizado, fará os concorrentes saírem do caminho para deixá-lo entrar.

Modelo de dinâmica de estratégia de Burgelman

A criação da estratégia não acontece em um vácuo; ela ocorre em um ambiente que pode ser estável ou dinâmico. Vale a pena conhecer que tipo de indústria você está enfrentando e é também importante saber com que espécie de organização está lidando.

	Companhia	
	Obediente às regras	Transformadora de regras
Ambiente — Obediente às regras	Mudança de indústria limitada	Mudança de indústria controlada
Ambiente — Transformadora de regras	Mudança de indústria independente	Mudança de indústria descontrolada

Como usar?

Esse modelo é útil para revisar o tipo de dinâmica com o qual qualquer estratégia que você crie terá de trabalhar. Ele tem dois componentes: o nível de mudança na indústria (ou o ambiente da indústria) e a quantidade de mudança feita pelas companhias individuais incluindo a sua. Considere:

- *Níveis de mudanças de regra no seu ambiente.* A indústria é estável o bastante com mudanças relativamente previsíveis, feitas de acordo com regras bem estabelecidas?

A concorrência é limitada a características e critérios bem entendidos? Há mudanças no ambiente que vão além das ações das companhias individuais? Há mudanças na estrutura da indústria? E quanto à base legal da indústria? Ou à base tecnológica? Ou a novos participantes ou produtos substitutos?

- *Os níveis de mudanças por companhias individuais.* Há companhias que estão mudando as regras da concorrência? Há companhias individuais desafiando as contradições e limitações da indústria? Quantas companhias individuais estão desafiando (ou mudando) as regras? Sua empresa é uma das que mudam as regras?

Cadeia de valor de Porter

A capacidade de sua companhia competir com sucesso é decorrência de tudo o que ela faz e da forma como tudo é organizado. A cadeia de valor é uma maneira útil de examinar toda a organização. Ela divide a empresa em atividades primárias e de apoio.

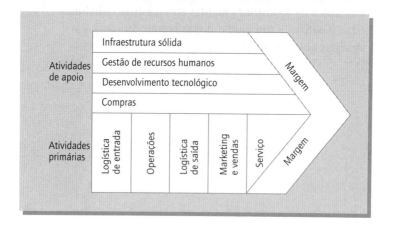

Como usar?

Use o modelo para entender sua companhia como uma cadeia de atividades que leva a resultados gerais. Divida o que a empresa faz em atividades *primárias* – que produzem e entregam produtos diretamente – e em atividades *de apoio* – que tornam as atividades primárias possíveis. Então, comece a fazer perguntas.

- Quão bem são realizadas as funções individuais?
- O que você pode fazer para melhorar a maneira como as funções diferentes se encaixam?
- As funções individuais podem ser comparadas às melhores do mundo?

■ Como as cadeias de valor de seus concorrentes soam para você? Como elas se comparam com a sua?

As partes individuais (e as maneiras como elas se combinam) devem ser exploradas tendo em mente com que eficiência elas agregam valor para o cliente. Você quer saber quanto elas contribuem para seu desempenho e estratégia e também quer buscar novas oportunidades de bolsões de excelência específica. Essas vantagens podem auxiliar a análise SWOT e contribuir para a vantagem competitiva.

Competências essenciais e visão baseada em recursos

Como estrategista, você precisa examinar que recursos tem à disposição. Precisa entender como a coleção de habilidades, conhecimento, propriedade tangível e intangível pode fornecer capacidades estratégicas e precisa enxergar de maneira criativa como essas competências criam oportunidades ou podem ser usadas para buscar oportunidades.

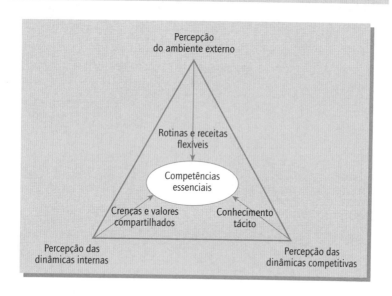

Como usar?

Competências essenciais são uma combinação de recursos e capacidades disponíveis para uma organização. São algumas vezes referidas como ativos estratégicos quando oferecem uma capacidade distinta, em particular quando a capacidade é vista como útil para alcançar os objetivos da organização.

Busque entender os componentes-chave de seu ambiente externo (político, social, tecnológico e outros). Examine a dinâmica competitiva em seu mercado ou grupo estratégico e a dinâmica interna de sua organização.

Explore o que torna sua companhia distinta das outras. Quais são seus valores e crenças compartilhados? Que tipos você tem de conhecimento tácito ou de inteligência profunda que estejam embutidos? Quais são as receitas e rotinas?

A ideia é encontrar receitas e ingredientes secretos que os outros não têm, que são difíceis de copiar e que podem fornecer uma vantagem competitiva sustentável. Isso é revelado pela interação criativa entre o conhecimento de competências internas e dinâmicas externas.

Espiral do conhecimento de Nonaka e Takeuchi

Você quer descobrir no que é melhor para poder transformar isso em vantagem estratégica. Uma área em que você pode ser melhor é em como aprende e o que sabe. Essas habilidades podem se tornar ativos estratégicos – elas proporcionam a base para uma estratégia de diferenciação.

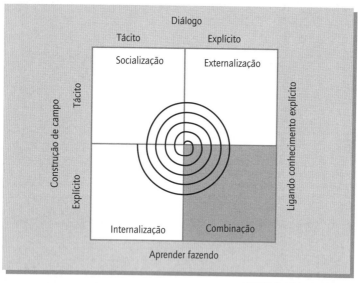

© 1995 Oxford University Press, Inc.

Como usar?

Há vários tipos diferentes de conhecimento e aprendizado. *Tácito* é o que sabemos mesmo sem ter sido anotado ou definido de maneira clara. *Explícito* é o que sabemos que foi escrito ou que foi definido de maneira clara. O objetivo é que você entenda como o conhecimento é criado e as maneiras de compartilhá-lo.

A *socialização* é de onde vem a maior parte do novo conhecimento. As pessoas aprendem a partir de experiências e as compartilham. Elas conversam, observam, imitam, realizam brainstorms e simplesmente "captam" habilidades que moldam o que fazem e como pensam. A *internalização* tenta ensinar de maneira formal o conhecimento que já está escrito – esse é o treinamento tradicional. A *externalização* procura anotar suas próprias receitas secretas usando modelos e checklists para que fiquem mais simples de aprender. A *combinação* tenta reunir suas receitas secretas e o conhecimento formal para criar melhores métodos de realizar o que você pretende.

Identifique como você aprende no momento. Descubra suas receitas secretas e tente combiná-las com o melhor conhecimento formal. Aviso: *não se trata de gestão de conhecimento tradicional*. A espiral do conhecimento pode ser usada para ajudar sua companhia a se tornar a melhor em aprender e usar o que você aprendeu.

Modelo dos 7S da McKinsey

A estratégia depende de combinar várias partes de uma maneira produtiva. Mesmo que sua posição e intenções estratégicas sejam boas, você ainda precisa se lembrar da importância de encaixar as partes umas nas outras. Esse modelo foi projetado para considerar as conexões entre cada uma dessas partes.

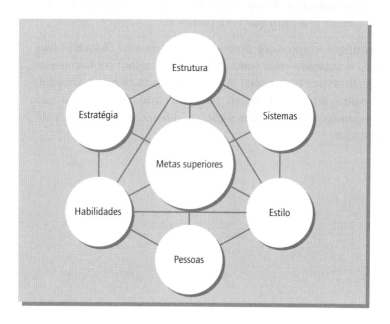

Como usar?

O modelo 7S (em inglês, as 7 palavras do quadro iniciam com a letra "s") foi criado para mostrar que a estratégia abrange mais do que gerenciar um portfólio de negócios (estratégia corporativa). Cada elemento de cada negócio precisa ser organizado de uma maneira que gere sucesso. Essa combinação de partes pode apoiar a estratégia formal ou mudar a estratégia graças a uma gestão eficiente e criativa.

Usando o modelo 7S você descobre como fazer as partes trabalharem juntas de forma coerente. Como cada parte pode ser alinhada às outras? Qual é a melhor maneira de cada parte ser operada? Que habilidades, sistemas, estilo, pessoas e estrutura são necessárias para a estratégia? Quais são as metas gerais (ou superiores) alcançadas pela combinação das partes?

Outra maneira de usar o modelo 7S é olhar para as tensões entre elas como uma fonte de oportunidade. O que pode ser aprendido a partir das contradições e conflitos? Que oportunidades vão permitir uma mudança revolucionária? Como você pode se manter na crista da inovação estratégica? Como pode continuar renovando a estratégia? Como pode transcender o conflito e as contradições para criar novos mercados?

Planejamento de cenários

Você está tentando moldar o futuro, mas o futuro é incerto. O planejamento de cenários pode ajudar as pessoas a antecipar o futuro, compreendê-lo e aprender sobre ele. Ao aceitar a incerteza, você se torna melhor na tarefa de desenvolver estratégias e fazê-las funcionar.

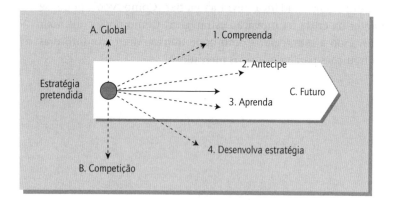

Como usar?

Liste as suposições que está fazendo sobre o futuro para que sua estratégia pretendida possa funcionar. Considere o que precisa acontecer dentro e fora de sua companhia para que ela seja bem-sucedida. Identifique as suposições mais incertas e mais impactantes. Comece a brincar com as tendências e o conhecimento presumido.

Todo planejamento de cenário deve tornar públicos os pressupostos (transparência) e aumentar a gama de opções consideradas (diversidade). O foco de uma discussão de cenário depende de seu objetivo, que pode incluir:

- *Compreender*: como um problema complexo ou área de incerteza funciona na prática?

- *Antecipar mudanças*: o que pode acontecer no futuro? O que os concorrentes podem fazer? O que pode levar a oportunidades ou ameaças?

- *Aprender*: o que pode ser aprendido sobre o que está acontecendo? Sobre a natureza dos clientes? Ou sobre a concorrência? Ou sobre a maneira como você pensa?

- *Desenvolver estratégia*: quão flexível é sua estratégia? Que outras opções existem? Você pode encontrar melhores formas de moldar o futuro incerto?

Grade de crescimento de Ansoff

A maioria dos negócios quer crescer. É difícil decidir quando lançar novos produtos e quando entrar em novos mercados; a grade de crescimento pode tornar suas escolhas mais claras. Grupos de pessoas também podem ser envolvidos na discussão. Ela o ajuda igualmente a tomar decisões sobre estratégia.

	Produto/Serviço	
	Atual	Novo
Atual	Penetração no mercado	Desenvolvimento de produto
Novo	Desenvolvimento de mercado	Diversificar

Mercado/Clientes

Oportunidade →

Ameaça →

Como usar?

Comece por listar os mercados, produtos e serviços atuais. Examine as ameaças, oportunidades, pontos fortes e fracos (análise SWOT). Pense sobre o nível de competição com os mercados e produtos atuais (5 forças). Descubra que capacidades únicas você oferece (cadeia de valor).

- Quais são as oportunidades e ameaças nos novos mercados e nos novos produtos? Seria mais fácil (ou mais recompensador) passar para um novo mercado? O lançamento de novos produtos apresenta risco muito alto?

- Algum dos seus concorrentes lançou novos produtos? Algum dos seus concorrentes está em mercados onde você não concorre? As habilidades que você tem lhe conferem uma vantagem competitiva?

É valioso usar a grade de crescimento para manter vivas as discussões sobre escolhas. As situações vão mudar com o tempo e a grade pode ajudá-lo a lembrar a lógica (e os pressupostos) de decisões tomadas no passado e quando mudá-las.

Matriz BCG de portfólio de produtos

Pode ser difícil priorizar o foco em mercados e produtos específicos. A matriz de portfólio de produto ajuda a organizar os produtos pelo crescimento e pela participação de mercado. Você pode então direcionar investimento para os produtos que melhor apoiem a estratégia e os objetivos da organização.

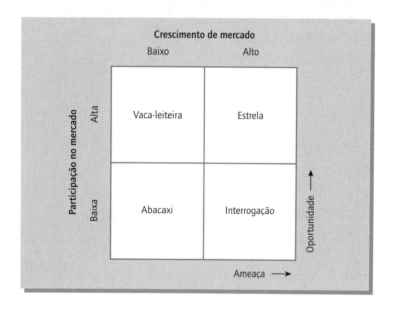

Como usar?

Descubra qual é o crescimento do mercado e a participação dos produtos (ou divisões ou subsidiárias) em que você está focado. Uma estimativa relativa é suficiente nesse estágio inicial. O objetivo é ser capaz de organizar o que você tem em quatro grupos, para que possa decidir onde priorizar o esforço e o investimento.

Em geral, investe-se mais em produtos estrela para fazer com que se mantenham crescendo, mas menos investimento é feito em vacas-leiteiras porque elas não precisam do dinheiro e não podem crescer. Da mesma forma, nenhum investimento é feito em abacaxis, já que não têm futuro. E longas horas são gastas debatendo se interrogações podem ser transformadas em estrelas com a quantidade certa de investimento.

Há alguns grandes problemas com essa matriz. Os mercados em geral não são definidos de maneira clara, a participação no mercado não é a mesma coisa que lucratividade (ou lucro desejado) e oportunidades e ameaças específicas podem mudar completamente o critério de investimentos. É bem melhor examinar o crescimento da receita e o lucro em geral.

Oceano azul de Kim e Mauborgne

Às vezes, é fácil habituar-se a fazer as mesmas coisas para os mesmos clientes. Há hábitos de negócio que se tornam fixos em companhias ou indústrias específicas. A estratégia do oceano azul pergunta se é possível mudar as regras de valores e concentrar-se nos não clientes.

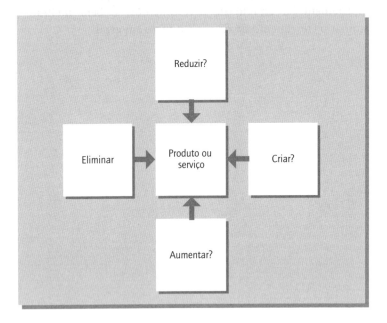

Como usar?

Examine seu produto à luz das preferências de cliente e não cliente. Pense como o produto é usado e como ele se compara à média (ou às regras) da indústria. Então, imagine se os não clientes (pessoas que não compram esse tipo de produto) iriam comprar, caso você modificasse alguns dos pressupostos da indústria.

Você pode reduzir algum atributo, eliminá-lo completamente ou aumentar o nível ou qualidade do atributo. Também pode criar alguma característica que nunca foi vista na sua indústria (ou mercado) antes.

Em certo sentido, essa é uma abordagem para diferenciar seu produto de outros e entrar em novos mercados. Ela recebeu críticas por não ser suficientemente prática, mas pode mostrar--se útil em gerar ideias como parte do processo de estratégia. É semelhante às competências essenciais discutidas na página 214.

Modelo de crescimento (e crises) de Greiner

A estratégia pode considerar os desafios internos que você encara. Esses desafios mudam ao longo da história (e do crescimento) da organização. O modelo de crescimento sugere desafios diferentes para fases diferentes. Ele descreve cada um desses desafios como uma crise.

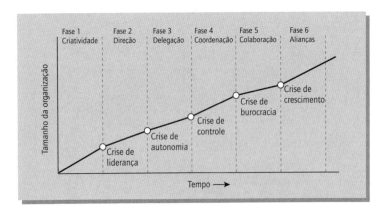

Como usar?

Considere a história e o status atual de sua organização. Pense sobre que tipo de fases e crises foram vivenciadas desde que ela começou. Isso é particularmente valioso como sistema de referência para discussão, e pode proporcionar uma estrutura para o grupo entender melhor seus desafios e as soluções exigidas pela estratégia.

Uma organização começa com criatividade até chegar a uma crise de liderança com pessoas buscando uma direção. Com o tempo, a liderança fica sobrecarregada, levando a uma crise de autonomia: as pessoas precisam que alguns poderes sejam delegados. Por sua vez, a autonomia pode criar uma crise de controle que exige coordenação adicional. A busca instintiva de controle provoca o risco de uma crise de burocracia que exige uma colaboração mais fluida. E, por fim, novamente ocorre uma crise de crescimento, a qual exige uma busca por alianças externas.

Esse modelo não é um indicador perfeito do que acontece em todas as organizações, as fases podem ser puladas ou repetidas. A utilidade do modelo é considerar se *algo* como as crises descritas aqui adaptam-se aos seus desafios. Ele então ajuda a considerar os tipos de soluções naturalmente necessárias.

Disciplinas de valor de Treacy e Wiersema

Os líderes algumas vezes acham difícil tomar decisões quanto ao foco para suas organizações. O modelo de disciplina de valor insiste em que essas escolhas devem se tornar tão únicas que gerem um valor. Ele afirma que apenas três proposições de valor genéricas determinam esse valor único.

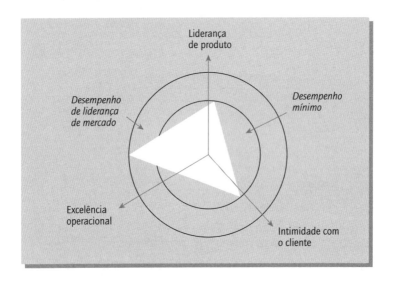

Como usar?

O modelo faz distinção entre três proposições de valor e insiste no fato de que os líderes precisam escolher entre elas. A excelência operacional busca os custos correntes mais eficientes (ou efetivos). A liderança de produto tenta ser o melhor, o primeiro, o mais inovador. A intimidade com o cliente oferece a experiência mais focada neste. Cada escolha tem prioridades que a acompanham.

Primeiro, considere que tipo de valor é mais importante para seus clientes existentes (e clientes-alvo). Identifique os níveis de desempenho mínimo e de liderança de mercado em cada área de valor. Segundo, pense no que acontece quando sua organização busca liderança em cada proposição de valor. Terceiro, discuta essas consequências e escolhas com um grupo mais amplo. Detalhe as opções, as vantagens, as desvantagens, os custos e as consequências relacionadas.

É importante não gerar um desequilíbrio excessivo em direção a qualquer uma das proposições de valor. Os líderes de mercado com frequência apresentam excelência em múltiplas áreas. Também é importante não esquecer os outros componentes da cadeia de valor.

Cummings e Wilson: orientação e motivação

Um benefício importante da estratégia pode ser ajudar a focar e motivar os esforços individuais das pessoas. E esse modelo examina quanta estratégia orienta o pensamento e as ações de uma organização. Ele também explora quão bem ela motiva e envolve as pessoas.

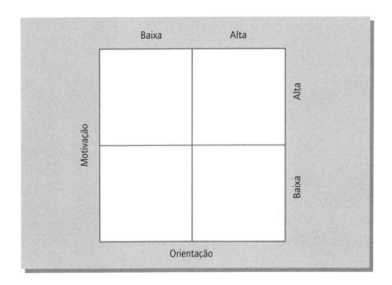

Como usar?

Considere a que ponto as pessoas na organização atual estão animadas (ou motivadas). A moral é alta? As pessoas estão trabalhando duro e de maneira criativa? Então, considere quanto a estratégia atual está ajudando a orientar o esforço necessário. Faça uma anotação de quais são os níveis atuais de ambas.

O próximo passo é pensar como a nova estratégia pode melhorar os níveis de motivação e orientação. Quão confiável e original é a nova estratégia? As pessoas darão crédito a ela? Ela será compreendida? A estratégia é interessante? O que ela oferece às pessoas que precisam apoiar a estratégia?

Também é valioso considerar *como* a estratégia é comunicada e criada. Quantas pessoas estão envolvidas na criação? Que tipo de atividades e reuniões as envolvem? Sua estratégia vai ajudar a motivar e orientar parceiros e clientes? As pessoas saberão o que você está tentando fazer? Elas vão se importar?

Análise de campo de força de Lewin

O pai dos modelos de mudança modernos é o psicólogo Kurt Lewin, famoso por sua análise de campo de força. Ela examina as forças que restringem a mudança desejada e as que a impulsionam. E defende que as forças restringentes devem ser reduzidas para que a mudança desejável possa acontecer naturalmente.

	Existentes	Impulsionadores	Restringentes	Futuro
Fora	O que está acontecendo fora?			O que vai acontecer fora?
Dentro	O que está acontecendo dentro?			O que vai acontecer dentro?

Como usar?

Em nossa versão melhorada do modelo, comece descrevendo o tipo de situação futura que sua estratégia vai criar, no lado de fora e no lado de dentro da organização. Então, descreva a situação existente nas mesmas áreas dentro e fora da organização. Identifique os motivos que impulsionam sua visão estratégica dentro e fora da organização. Os clientes estão exigindo mudanças? Os competidores estão forçando melhorias? São os funcionários que sugerem que coisas sejam feitas? Ou há uma legislação do governo?

Liste as forças restringentes que podem impedir sua visão estratégica desejada dentro e fora da organização. Os funcionários estão infelizes com as mudanças? Você tem as habilidades certas? Sua marca está mal posicionada para realizar as mudanças?

Por fim, examine como você pode reduzir as forças restringentes, para que a mudança aconteça de maneira natural e com um mínimo de conflito e de esforço desperdiçado. Mas tome cuidado para não ignorar a assim chamada resistência, já que as pessoas costumar resistir a mudanças por razões muito boas – e estas precisam ser entendidas para que você possa melhorar sua estratégia.

As oito fases da mudança de Kotter

A maior parte da estratégia envolve mudança na busca por mais sucesso. Por isso, é lógico que a capacidade de realizar mudanças para organizações é de importância estratégica. É inútil criar uma estratégia maravilhosa se ela não pode ser colocada em ação. Essa é uma abordagem para realizar mudanças.

Como usar?

Há muitos modelos de mudança que seguem mais ou menos os mesmos passos. Eles começam tentando fazer algo para descongelar o status quo e terminam congelando a organização para que siga o novo padrão desejado.

No modelo de Kotter há oito passos. Você começa estabelecendo um senso de urgência baseado nas crises e oportunidades potenciais e então cria uma coalizão com a credibilidade para liderar esforços de mudança. Uma visão clara é desenvolvida e em seguida compartilhada com pessoas que têm o poder para remover quaisquer obstáculos do caminho.

Para aumentar ainda mais a crença na visão estratégica, busque ganhos de curto prazo bastante visíveis. Mais mudanças são realizadas e consolidadas a fim de manter o impulso. Em algum momento, mudanças específicas são ancoradas para evitar que regridam à forma como eram antes.

Na prática, muitos projetos estratégicos diferentes e mudanças podem se sobrepor. Isso cria certa dificuldade para saber *quando* estabelecer um senso de urgência e quando ancorar a mudança. Isso também leva ao problema de fadiga de mudança, em que as pessoas simplesmente não conseguem mais ter entusiasmo por mudanças.

Balanced scorecard de Kaplan e Norton

Uma vez que tenha uma estratégia estabelecida, você vai querer saber se ela está indo bem. Você não quer apenas medir o desempenho financeiro. As implicações financeiras de uma estratégia não são normalmente imediatas. Há várias áreas que contribuem para o sucesso de uma estratégia.

Financeiro?
Para sermos bem-sucedidos financeiramente, como devemos parecer para nossos clientes?
Objetivos | Medidas | Alvos | Iniciativas

Cliente?
Para alcançarmos nossa visão, como devemos parecer para nossos clientes?
Objetivos | Medidas | Alvos | Iniciativas

Visão e estratégia

Processos?
Para alcançar nossa visão, em que processos devemos nos superar?
Objetivos | Medidas | Alvos | Iniciativas

Aprendizado?
Para alcançar nossa visão, como continuamos aprendendo e melhorando?
Objetivos | Medidas | Alvos | Iniciativas

Como usar?

Você nunca vai criar o *balanced scorecard* perfeito para sua organização, mas pode voltar o foco estratégico para uma gama de medidas que reflitam melhor o desempenho e o progresso em direção a sua estratégia.

Primeiro, inclua sua visão e sua estratégia. Não precisa ser final, mas ajuda ter uma percepção do que vai ser medido. Em seguida, considere o negócio a partir de quatro perspectivas: financeiro, do cliente, de processos e de aprendizado. O que precisa acontecer em todas as áreas para sua organização ser bem-sucedida? Como você pode medir quão bem está indo?

Não fique obcecado com medidas ou com o *scorecard*. Não desperdice tempo realizando a medição. Pode ser suficiente ter uma medição aproximada baseada em opiniões a respeito de muitas áreas. O que interessa aqui é fazer a estratégia ganhar vida e oferecer às pessoas uma visão equilibrada do que é importante naquilo que fazem e realizam.

Modelo de execução de estratégia de Hrebiniak

Em anos recentes, houve um aumento do foco na execução da estratégia. A ideia é que ter uma estratégia maravilhosa não é muito útil se você não pode fazê-la funcionar no mundo real. Parte disso é decidir fazer a coisa certa, mas o resto é fazer com que a coisa certa seja feita.

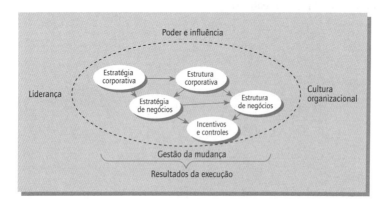

Como usar?

O modelo de execução de estratégia lhe fornece uma visão lógica das diferentes partes da organização que vão precisar de decisões e de ação. Use-o para pensar e discutir como cada parte se encaixa. A organização está funcionando bem? Pode ser melhorada?

A estratégia corporativa refere-se a gerenciar o portfólio de negócios, os recursos que eles recebem e o que se espera. A estrutura corporativa tem a ver com quanto se deve diversificar ou se focar, com a opção entre crescer de maneira orgânica ou por meio da junção com outras companhias, e com quanto se deve centralizar ou descentralizar.

A estratégia de negócios se preocupa com as decisões de negócios individuais sobre que produtos e serviços oferecer, como competir e como ser diferente. A estrutura de negócios tem a ver com decidir como organizar, com os diferentes tipos, a ausência da hierarquia, localizações geográficas e agrupamentos funcionais.

Cada uma dessas partes interage com as outras, e com escolhas efetivas de incentivos e controles. Isso está relacionado a como saber o que está acontecendo, como organizar o esforço dentro da estrutura geral, como conseguir feedback sobre o desempenho, e a um estilo de liderança e clima cultural melhores para fazer a estratégia acontecer. Incentivos devem encorajar o tipo de trabalho que você precisa que aconteça.

Redesenho de processos de negócios de Hammer e Champy

A principal meta da estratégia é melhorar o desempenho do negócio. Os processos conectam partes diferentes do negócio, então, se você aprimorar esses processos, vai melhorar o negócio em geral. A ideia é que uma melhoria radical exige uma reengenharia radical.

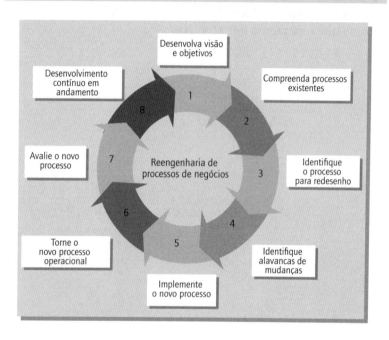

Como usar?

A ideia aqui é que muitas tentativas de melhorar o desempenho de organizações desperdiçam esforço porque não melhoram os processos pelos quais as pessoas trabalham. A versão mais extrema do Redesenho de Processos de Negócios – RPN é que muitos processos devem ser removidos (junto com as pessoas que realizam o trabalho) porque não acrescentam nada de valioso.

O RPN básico envolve reunir uma equipe para revisar os processos existentes à luz da visão e dos objetivos estratégicos. Eles são redesenhados e depois implementados, quando então as pessoas seguem novos processos que são avaliados e melhorados constantemente.

A reengenharia recebeu muitas críticas e houve resultados desapontadores, dos quais emergiram lições valiosas. Os processos têm de ser suficientemente bem entendidos *no contexto* para que as consequências de mudá-los possam ser antecipadas. As equipes precisam de uma mistura de quebradores de regras *e* daqueles que valorizam essas regras a fim de evitar fazer mais mal do que bem. As pessoas são mais importantes do que os processos.

Orientação estratégica de Michaud e Thoenig

Organizações diferentes têm percepções diferentes de quanto espaço há para moldar seu próprio futuro – por meio da estratégia e de ações. Elas também respondem de maneiras diferentes às percepções sobre restrições externas fortes ou fracas.

	Curto prazo	Longo prazo
Pressão forte	Mercenária	Orgânica
Pressão fraca	Fragmentada	Autossuficiente

Como usar?

A ideia é que organizações diferentes têm percepções diferentes de quanto espaço dispõem para suas ações estratégicas. Qualquer um pode decidir fazer qualquer coisa, mas na prática algumas pessoas se sentem tolhidas por várias causas externas ou internas à organização. A partir disso, surgem estilos (ou orientações) de criação de estratégia diferentes.

- *Mercenária* – Sua organização percebe a pressão externa (no mercado ou de investidores) como forte. Em resposta, adota uma abordagem de curto prazo para explorar as pressões externas (e lidar com elas). Os gestores vão para fora da organização em busca de respostas e pessoas que possam ajudar. A arte está em combinar talentos externos (e temporários) para satisfazer as necessidades do mercado.

- *Orgânica* – Sua organização percebe a pressão externa como forte, mas em resposta assume uma abordagem de longo prazo. Os líderes argumentam que é possível desenvolver habilidades internas e capacidades culturais que são melhores para lidar com a pressão externa. A inovação e a flexibilidade são construídas de forma que a organização use os talentos de todos os funcionários para criar oportunidades e lidar com elas.

- *Fragmentada* – Sua organização respondeu àquilo que é percebido como pressões externas fracas que vão se tornando bastante definidas. Ela perdeu a capacidade de se adaptar às novas mudanças de mercado e em vez disso gasta energia em esforços de curto prazo para aplacar várias rivalidades funcionais. Com frequência, o resultado são brigas internas, já que muito poucas pessoas sentem alguma pressão para começar a trabalhar juntas.

- *Autossuficiente* – Sua organização vê pressões externas fracas, mas responde a isso buscando suas próprias pressões internas (ou desejos internos) para inovar e mudar. Ela pode se sentir segura, mesmo assim tem um sonho que quer alcançar a longo prazo. Quer crescer e realizar algo notável. Pessoas capazes de "criar" futuros são mais valorizadas do que aquelas que esperam algo acontecer.

Você pode usar esse modelo para considerar a que tipo de organização pertence e que tipo de estratégia vai ser usual. Você terá então condições de decidir se a percepção organizacional da pressão externa é precisa e de avaliar se a resposta à pressão externa é desejável.

Talvez se queira mudar o foco de curto prazo para o de longo prazo e vice-versa, dependendo do nível real de pressão externa, do nível futuro provável de pressão externa e do desejo individual e do grupo de fazer diferença ou de lidar com políticas.

Modelo de aposta estratégica de Burgelman e Grove

Algumas iniciativas estratégicas podem ser planejadas e induzidas como parte da organização principal. Outras oportunidades têm de ser perseguidas de forma autônoma. O equilíbrio entre iniciativas induzidas e autônomas dependerá da dinâmica de mercado e das reservas de dinheiro disponíveis.

	Oportunidade autônoma	
	Validada	Ainda não validada
Reservas de dinheiro — Suficientes	Aposta segura	Espere para apostar
Reservas de dinheiro — Insuficientes	Aposte a companhia	Aposta desesperada

Como usar?

É difícil para a organização perseguir múltiplas iniciativas estratégicas ao mesmo tempo. Mas, se tudo for gerido de forma centralizada, há oportunidades emergentes que serão perdidas. A resposta é deixar alguns recursos disponíveis para iniciativas autônomas.

Você pode alterar o equilíbrio de recursos de acordo com o nível de dinamismo (ou de mudança) no mercado. Se o nível de mudança for bem alto, então você precisa mais de iniciativa autônoma para ser capaz de lidar com oportunidades imprevistas. Se o nível de mudança for bem baixo, ou se você estiver numa posição dominante, poderá precisar menos de iniciativa autônoma.

Você também vai considerar o nível de validação realizada em uma oportunidade autônoma *e* a proporção de suas reservas de dinheiro que a oportunidade autônoma vai exigir no investimento. Se você não fez sua lição de casa e não tem dinheiro suficiente para cobrir a perda completa de seu investimento, então é uma aposta desesperada. Se tiver feito sua lição de casa e ainda não tiver fundos suficientes, o máximo que pode fazer é apostar a companhia.

Aprendizado de ciclo duplo e de ciclo único de Argyris

A estratégia envolve fazer conjecturas sobre o futuro e então agir em cima dessas conjecturas. Você não sabe o que vai acontecer, mas planeja e tenta realizar esses planos. De forma ideal, você tenta aprender com seus erros (e sucessos) num nível mais profundo que informa sobre ações futuras.

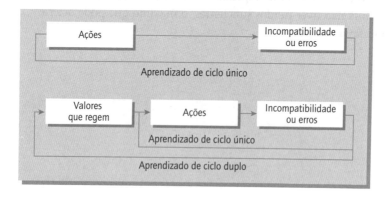

Como usar?

Planos estratégicos podem levar ao aprendizado. Cada vez que algo funciona ou não funciona pode ser uma lição. A pergunta é se o aprendizado permanece num nível operacional no qual as ações são realizadas ou se o aprendizado é capaz de proporcionar lições para toda a organização. O aprendizado será especialmente útil se os valores que regem a companhia e o pensamento estratégico ficarem mais inteligentes.

Pense sobre o ano passado. Considere como a estratégia funcionou e não funcionou. Busque lições mais profundas que possam ajudar a estratégia a produzir melhores resultados da próxima vez. Converse com as pessoas que estão nos níveis de gestão e operacionais para ver o que realmente aconteceu. Com frequência, há lições aprendidas na linha de frente que nunca fazem o caminho de volta até as equipes de liderança.

Assegure-se de que seus processos de estratégia consideram as lições aprendidas durante todo o ano e ao final de cada ano. Houve algum problema? A estratégia foi alterada para permitir à companhia lidar com seus resultados financeiros? A estratégia foi ignorada levando a um desempenho superior (ou inferior)? Há contradições entre a lógica usada para montar a estratégia e aquela que leva às realizações? A meta é conectar a estratégia com a ação e com as lições que surgem de ambas.

Deliberado e emergente de Mintzberg

Nem toda estratégia pensada vai ser realizada. Nem toda estratégia realizada vem de uma estratégia deliberada. É assim que a estratégia realmente funciona. É uma mistura do que você planeja e de coisas que são feitas, mas que não são parte do plano. Compreender isso o ajuda a ser um estrategista melhor.

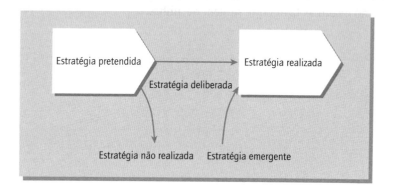

Como usar?

É útil compreender as diferenças entre planejar algo de maneira deliberada e o fato de isso realmente acontecer. Essa compreensão o livra de uma confiança excessiva no planejamento e melhora seu pensamento estratégico.

Primeiro, considere o que a companhia vem tentando realizar ao longo dos últimos anos – ou mais, se puder encontrar as informações. Examine relatórios anuais. Converse com pessoas que estão na empresa há tempos. Que partes da estratégia aconteceram do jeito que foram planejadas? Que partes emergiram de ações de funcionários ou de reações aos competidores?

Estenda a discussão à sua equipe. Busque padrões no decorrer do tempo. Tente descobrir fases reconhecíveis ou estágios da história corporativa. Quando você cresceu? Quando estagnou? Quando entrou em novos mercados ou países?

Pergunte-se de onde vieram as ideias que ajudaram a companhia a crescer. Houve algum acidente de percurso? A sorte representou algum papel? Havia oportunidades não antecipadas que o ajudaram a crescer?

Modelo de espaço em branco de Johnson

Há ideias criadas durante o processo de estratégia que não levam à ação. Algumas vezes isso acontece porque a ideia não se ajusta à organização, outras vezes porque a ideia não se ajusta aos clientes existentes. Essas ideias são desperdiçadas?

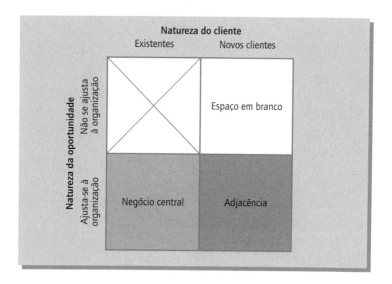

Como usar?

Depois de gerar novas ideias ou oportunidades, considere como elas podem ser usadas. Elas são parte do negócio central e se ajustam ao que sua organização já pode fazer e para o que seus clientes tradicionais vão comprar? Ou são adjacentes a seu negócio central e se ajustam ao que sua organização já pode fazer, mas vão exigir novos clientes ou mudanças significativas na forma como você vende para seus clientes existentes?

Se elas não se ajustam à organização, o que você vai fazer com as oportunidades? Você pode simplesmente esquecê-las, é claro, mas vai estar desperdiçando ideias muito valiosas. Também pode deixar a porta aberta para concorrentes que virão atrás de seus clientes existentes.

Pense como irá se proteger de outros que tenham a mesma ideia. Você pode desenvolver novas capacidades ou proteger a ideia. Se ela não puder ser usada com seus clientes existentes, então considere como pode vender a propriedade intelectual agora ou no futuro.

Base da pirâmide de Prahalad

É fácil pensar que os únicos mercados valiosos são as pessoas com mais dinheiro. Muitos negócios cometem esse erro. Eles sobem cada vez mais, procurando clientes com o famoso "patrimônio líquido alto" e ignoram oportunidades muito maiores.

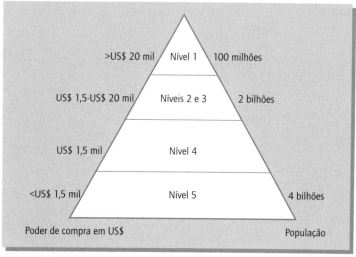

Adaptado de The Fortune at the Botton of the Pyramid [A Fortuna na Base da Pirâmide] e reproduzido com permissão de C. K. Prahalad e Stuart L. Hart da edição do Primeiro Trimestre de 2002 da revista strategy+business publicada por Booz & Company. Copyright 2002. Todos os direitos reservados. www.strategy-business.com

Como usar?

A ideia aqui é que na base da pirâmide global existe um mercado muito mais atraente do que parece de início. Há mais ou menos 4 bilhões de pessoas que ganham menos de US$ 2 por dia e esse mercado tem um valor significativo. Em vez da base da pirâmide ser um problema ou um recipiente de caridade, ela oferece oportunidades econômicas valiosas para corporações e empresários.

De acordo com o modelo, aqueles que estão na base da pirâmide (os relativamente pobres) são conscientes de marca, ligados via tecnologia móvel e muito abertos a inovações. As marcas que se estabelecem agora vão continuar a evoluir com o crescimento da base da pirâmide – que é bem maior do que o crescimento no topo da pirâmide.

A estratégia de crescimento deve considerar a alternativa de desenvolver mercados na base da pirâmide. Esse desenvolvimento inclui inovar para que a mistura de desempenho/preço seja melhorada radicalmente, educando clientes sobre benefícios de produto e tornando a tecnologia tão simples, poderosa e resistente quanto possível. Ela também oferece oportunidades de desenvolver produtos muito melhores do que aqueles já existentes que são vendidos no topo da pirâmide.

Estratégia da complexidade de Stacey

Você quer os benefícios da complexidade para a criação de ideias e de conhecimento, mas não deseja cair num caos completo. E quer simplicidade para conseguir realizar o máximo da estratégia que descobriu, mas não tanto que nunca haja nada novo.

	Certeza Baixa	Certeza Alta
Acordo Alto	Complicado	Simples
Acordo Baixo	Complexo / Anarquia	Complicado

Como usar?

O objetivo aqui é entender que a estratégia é criada (e usada) num contexto. A situação fora da companhia tem diferentes níveis de incerteza ou certeza. A situação dentro da companhia tem diferentes níveis de acordo ou de desacordo sobre o que fazer em seguida. A combinação de níveis de certeza e de acordo lhe fornece um contexto para a criação da estratégia e para a tomada de decisões.

Se você está encarando altos níveis de incerteza e de desacordo sobre o que fazer a respeito disso, então deve estar à beira do caos.

Você pode se ver diante de uma situação em que as pessoas se colocam numa postura negativa em relação ao que está acontecendo (ou não está acontecendo). De alguma forma, você precisa reduzir ou a incerteza ou o desacordo para níveis em que as pessoas possam responder de maneira criativa à incerteza externa.

Se há acordo demais, então você se arrisca a caminhar como um sonâmbulo no meio de problemas porque seu grupo (equipe, empresa ou nação) não consegue enxergar alternativas. Se há um nível muito alto de certeza no mercado, isso pode tornar a estratégia fácil (mas os lucros excepcionais difíceis) se você seguir a multidão. Ou você pode usar a complacência do mercado para criar novos mercados e novas regras.

Palavras finais

"Não importa quão bela seja a estratégia, de vez em quando você deve examinar os resultados."

Winston Churchill

Os princípios apresentados neste livro baseiam-se nos conselhos de grandes pensadores estratégicos ao longo dos séculos e na sabedoria de ponta dos pesquisadores de estratégia líderes no mundo. Tudo foi selecionado com muito cuidado. Vale a pena compreender e colocar em prática cada modelo do kit de ferramentas do estrategista. Eu garanto que isso será um investimento valioso do seu tempo, que vai pagar ricos dividendos.

Este não é um livro que você deve ler, colocar de lado e esquecer. É um livro sobre estratégia viva para o mundo real. Então, é importante que seja usado sempre. Escreva nas margens, leia-o no banheiro, enfie-o na sua mala quando viajar. Não importa se ele ficar detonado. O que importa é que você o use e ganhe conhecimento para se tornar um poderoso pensador estratégico que enxerga a pequena escala e a escala mundial como um único quadro grande e poderoso.

Assim você vai começar a ver o passado, o presente e o futuro conectados. Vai ser capaz de ligar recursos que você tem com eventos que acontecem ao seu redor. E vai ser capaz de moldar esses eventos reagindo a eles de maneira inteligente e espontânea.

"Todos os homens podem ver essas táticas com as quais eu conquisto, mas o que ninguém pode ver é a estratégia que leva à vitória."

Sun Tzu

Leituras complementares

Argyris, Chris, *The Executive Mind and Double-Loop Learning* [A Mente Executiva e o Aprendizado de Ciclo Duplo], Organisation Dynamics, 1982

Burgelman, Robert & Grove, Andrew, *Let Chaos Reign, then Rein in Chaos – Repeatedly* [Deixe o Caos Reinar e Então Reine no Caos – Repetidamente], Strategic Management Journal, 2007

Burns, Tom & Stalker, George, *The Management of Innovation* [A Gestão da Inovação], Oxford University Press, 1994

Cohen, William, *The Art of the Strategist* [A Arte do Estrategista], Amacom, 2004

Cummings, Stephen & Wilson, David, *Images of Strategy* [Imagens de Estratégia], Blackwell Publishing, 2003

Davidson, Mike, *The Grand Strategist* [O Grande Estrategista], MacMillan Publishing, 1995

Floyd, Steven W., Johan Roos, Jacobs, Claus D., Kellermans, Franz W., *Innovating Strategy Process* [Inovando o Processo de Estratégia], Blackwell Publishing, 2005

Hamel, Gary, *Leading the Revolution*, New American Library; reimpressão, 2002 [No Brasil: *Liderando a Revolução*, Campus; 2000]

Heracleous, Loizos, *Strategy and Organisation* [Estratégia e Organização], Cambridge University Press, 2003

Hrebiniak, Lawrence, *Making Strategy Work*, Wharton School Publishing, 2005 [No Brasil: *Fazendo a Estratégia Funcionar*, Bookman Companhia ED; 2006]

Johnson, G., Whittington, R. & Scholes, K., *Exploring Strategy* [Explorando Estratégia], 9. ed., FT Prentice Hall, 2011

Johnson, M., *Seizing the White Space* [Tomando o Espaço em Branco], Harvard Business Press, 2010

Lynch, Richard, *Corporate Strategy* [Estratégia Corporativa], FT Prentice Hall, 2005

Markides, Constantinos & Geroski, Paul, *Fast Second* [Segunda Companhia Rápida], Jossey-Bass, 2005

McGee, John, Thomas, Howard & Wilson, David, *Strategy: Analysis & Practice* [Estratégia: Análise e Prática], McGraw-Hill, 2005

Mckeown, Max, *The Truth About Innovation* [A Verdade Sobre a Inovação], Prentice Hall, 2008

Mckeown, Max, *Adaptability: The Art of Winning in an Age of Uncertainty* [Adaptabilidade: A Arte de Vencer numa Era de Incerteza], Kogan Page, 2012

Mintzberg, Henry, Ahlstrand, Bruce & Lampel, Joseph, *Strategy Safari*, FT Prentice Hall, 1998 [No Brasil: *Safári de Estratégia*, Bookman Companhia ED, 2010]

Ohmae, Kenichi, *The Mind of the Strategist*, McGraw-Hill, 1982 [No Brasil: *O Estrategista em Ação*, Thomson Pioneira, 1998]

Pascale, Richard, *Managing on the Edge*, Penguin Books, 1990 [No Brasil: *Administrando no Limite*, Record, 1994]

Peters, Tom & Waterman, Robert, *In Search of Excellence* [Em Busca da Excelência], Profile Books, 1982

Sklansky, David & Schoonmaker, Alan, *Ducy? Exploits, Advice, and Ideas of the Renowned Strategist* [Ducy? Proezas, Conselhos e Ideias do Renomado Estrategista], Two Plus Two Publishing, 2010

Stacey, Ralph, *Strategic Management and Organisational Dynamics: The Challenge of Complexity (to Ways of Thinking About Organisations)* [Gestão Estratégica e Dinâmica Organizacional: O Desafio da Complexidade (para Maneiras de Pensar sobre Organizações)], FT Prentice Hall, 2010

Stalk, George & Lachenaeur, Rob, *Hardball*, Harvard Business School Press, 2004 [No Brasil: *Hardball – Jogando para Valer*, Campus, 2006]

Von Ghyczy, Tiha, Von Oetinger, Bolko & Bassford, Christopher, *Clausewitz on Strategy*, The Boston Consulting Group, 2001 [No Brasil: *Clausewitz e a Estratégia*, Campus, 2002]

Whittington, Richard, *What is Strategy – And Does It Matter?*, Routledge, 1993 [No Brasil: *O Que É Estratégia*, Thomson Pioneira, 2002]

Índice

ações para alcançar objetivos 21
Alemanha 147
Amazon 122, 127
ambiente
    competitivo 103-10
    externo, ameaças do 190
ameaças 189-90
    ao lucro do concorrente 115
    da concorrência 189-90
    do ambiente externo 190
    notando 191-2
    reagindo a 6, 191-2
América do Sul 147
American Idol (competição de TV)
    32
análise SWOT 46, 185, 155, 204-5
animação e orientação, modelo de
    232-3
Ansoff, Igor 12
aposta estratégica, modelo de
    246-7
Apple 75, 81-5, 92, 115, 122, 169
apresentador estratégico 38, 68
Argyris, Chris 31, 180
    ciclo duplo e ciclo único 31,
    248-9
armas da persuasão, As (Cialdini,
    R.) 43
arte da guerra, A (Sun Tzu) 12
árvores de decisão 56
Asda 147

Ásia, sudeste da 147
aspiração e desempenho, lacuna
    entre 56-7
atividade criativa em reuniões 168
Audi 147
audible.com 127

balanced scorecard 238-9
Barney, Jay 156
Bartlett, Christopher 150
Bentley 124
Blackberry 61
Blockbuster 143
BMW 147
Boeing 189
Bossidy, Larry 188
Burgelman, Robert 46,143
    modelo de aposta estratégica
    246-7
    modelo de dinâmica de
    estratégia 210-11
Burns, Tom 110
Buzz 151

5 forças do modelo de competição
    58, 104, 206-7
Campbell, Sheila 174
campo de força, análise de 234-5
Candler, Asa Griggs 97
carros, fabricação de 90, 143, 147,
    152

cenários
  imaginando 56, 185-6
  planejamento de 58, 220-1
centralização da tomada de
  decisões 104-5
Chandler, Alfred 12
Charan, Ram 188
Cheesecake Factory 20
China 146
Christensen, Clayton 80, 135
Chrysler 143
Churchill, Winston 258
Cialdini, Robert 43
ciclo duplo e ciclo único, 31,
  248-9
ciclos
  de planejamento 159-61
  de vida da companhia
  136-9
clientes como uma das 5 forças 71,
  104, 206
Clorox (produto alvejante) 121
Coca-Cola 97-8, 146
Collins, Jim 96
combinação 217
competências essenciais 214-5
competição
  de preços 128
  ficando à frente da 127-35
complexidade, modelo de 256-7
compromisso
  da gestão, falta de 184
  rompendo 115
concorrência
  adaptando-se a 103-10
  ameaças da 189-90
  ameaças para a 115-6
  ficando à frente da 127-35
  modelo das 5 forças 46, 58, 104,
  206-7
  percepção da 60-5

versões próprias como estratégia
  vencedora 115-6, 122
concorrentes existentes como uma
  das 5 forças 71, 104, 206
conflito em organizações 139-41
conhecimento
  dos mercados 66-71
  explícito 216
  modelo da espiral de 216-7
  tácito 216
  tipos de 216-7
contradições em organizações 140
Cowell, Simon 32
crescimento do negócio 136-43
  grade de crescimento 222-3
  fazendo a empresa crescer
  136-43, 222-3
  modelo de crescimento (e crises)
  228-9
criando sua estratégia 73-4
  adptando-se à concorrência
  103-10
  descobrir posição, intenção e
  direção 81-763
  enxergando o quadro global
  75-80
  procurando por vantagens
  competitivas 114-8
  tomada de decisões e escolhas
  97-102
criando novos mercados 119-26
Cummings e Wilson: modelo de
  orientação e animação 232-3
custo
  análise de 106-7
  liderança de 88-96
declaração
  de intenção estratégica 85
  de missão 82-3
Dell 83-5
demanda, análise de 107

decisão
árvores de 56
tomada de 97-102, 104
descentralização da tomada de
decisões 104
desempenho
e a linha de fracasso 190-1
lacuna em relação à aspiração
56-7
recuperação 191-2, 198
diferenciação 89, 92-3
adaptação à concorrência 107
como vantagem competitiva
89-94
no grupo estratégico 128
dilema da inovação, O (Christensen,
C.) 80
dinâmica de estratégia, modelo de
46, 210-11
direção
descoberta 81-7
em reuniões de estratégia 169-70
falta de clareza 182
Disney 166

easyJet 130
eletrônicos 147
Empresas feitas para vencer (Collins,
J.) 96
energia como uma estratégia
vencedora 115
engajamento *veja* envolvimento de
pessoas
envolvimento de pessoas
em pensar antes de planejar 29
e o processo de gestão de
estratégia 161
falta de 182
na criação da estratégia 176
para evitar o fracasso 184
para vender sua estratégia 38-9

escolhas estratégicas, fazendo
97-102
escritório de gestão de estratégia
165
espaço em branco, modelo do
252-3
espaços estratégicos, novos 131-2
Estados Unidos da América (EUA)
145
estratégia
analítica 13-14
antiga 11-2
clássica 15
compassiva 111
corporativa 12, 14, 20, 38
criação *veja* criando sua
estratégia
criativa 14, 140
definição 11
dinâmica 162, 167
emergente 47, 52, 250-1
ética 111
evolucionária 15
história 11-3
negativa 117
perfeita 183-4
planejada 47, 52
processual 15
realizada 47, 52
sistemática 15
estratégia de trabalho 157-8
deliberada e emergente
250-1
fracasso da estratégia 181-8
genérica, modelo de 208-9
gerenciamento de mudanças
175-80
gestão da 159-65
jogos de 113-8
modelo de execução 240-1
não realista 183

reuniões de 166-74
salvando a companhia do
fracasso 189-98
Estratégia empresarial (Ansoff, I.) 12
estrategista
assumindo riscos 53-9
conhecimento de mercado
66-71
moldando o futuro 20-5, 157-8
pensando antes de planejar
26-31
pensando como um 45-6
percepção da competição 60-5
reagindo a eventos 48-52
seu eu 17-9
tornando-se um 32-7
vendendo sua estratégia 38-43
estrategista em ação, O (Ohmae, K.)
37
eventos, reagir a 48-52
*Execução – A disciplina para atingir
resultados* (Bossidy e Charan) 188
execução de estratégia, modelo de
240-1
expansão global 144-50
expectativas, explorando 115-6
externalização 217
Exxon 103

Facebook 26, 85, 97, 122
Facemash 26
fases da mudança, modelo das
236-7
Ferrari 147
foco 89-90
como estratégia vencedora
115
como vantagem competitiva
89-94
num grupo estratégico 128
Ford 143, 169, 189, 189

fornecedores como uma das 5
forças 71, 104, 206
Four Seasons (hotéis) 115
fracasso
da estratégia 181-8
linha do 190-1, 195
salvando a companhia do
189-98
fraquezas, preenchimento das
lacunas de 153
futuro
e o quadro global 76
imaginação de cenário 56, 181,
185-6
moldando o 20-5, 157-8
planejamento de cenário 220-1

GE 159
gestão
mudança 175-80
falta de compromisso 184
processo de estratégia 159-65
Ghoshal, Sumantra 150
GM 143
Google 11, 151
Greiner, modelo de crescimento (e
crises) de 228-9
Grove, Andrew 64, 143
modelo de apostas estratégicas
246-7
grupos estratégicos 128-35

Hafsi, Taieb 25
Hamel, Gary 43
Hammer e Champy, modelo de
redesenho de processos de
negócios de 242-3
Hardball - Jogando para valer (Stalk e
Lachenauer) 118
Heath (Dan e Chip), irmãos 43
Hickson, David 102

Hoffman, Donald 198
Honda 143
Hrebiniak, modelo de execução de estratégia de 240-1

IBM 113
Ideias que colam (Heath, C. e D.) 43
Ikea 48
imaginação e diferenciação 93
Immelt, Jeff 159
implementação da estratégia, fracasso da 183
incerteza 53-4, 104
Innocent (fabricante de smoothies) 97
Inovação de Modelo de Negócio (BMI) 135
Inovação na gestão da saúde (Christensen, C.) 135
Intel 64, 66
intenção, encontrando a 81-7
internalização 216-7
Itália 147
Ives, Jonathon 81

Japão 90, 145, 147
Jet Blue 130
Jobs, Steve 81
jogos de estratégia 113-8
Johnson, modelo de espaço em branco de 252-3
Just In Time (JIT) 92

Kamprad, Ingvar 48
Kaplan, Robert S. 165
    balanced scorecard 238-9
Kim, W. Chan
    modelo do oceano azul 226-7
kit de ferramentas do estrategista 46, 116, 141, 185, 192, 199

K-Mart 115
Kotter, modelo das oito fases de mudança de 236-7

laboratórios farmacêuticos 122
Lachenauer, Rob 118
lacunas, aprendendo a prencher 153
Laker Airways 130
Lamborghini 124, 147
Levis 123
Lewin, Kurt 234
    análise de campo de força 234-5
liderança de custo 114-7
Liderando a revolução (Hamel, G.) 43
linhas aéreas econômicas 130
Liteman, Jeffrey 174
Liteman, Merianne 174
lógica do cisne negro, A (Taleb, N.N.) 59
lovefilm.com 127

management of innovation, The [A Gestão da Inovação] (Burns e Stalker) 110
mapas estratégicos 129
marca
    características-chave 84
    como diferenciador 93
marketing, custos de 92
Markides, Constantinos 102
Maserati 147
matriz BCG de portfólio de produtos 224-5
Mauborgne, Renée 226
McDonald's 146, 175-6
McKinsey, modelo dos 7S da 218-9
mercado, análise de 107-8
mercados
    conhecimento dos 66-71
    criando novos 119-26

matriz de portfólio de produtos 224-5

Mercedes 147, 152

Michaud e Thoenig, modelo de orientação estratégica de 244-5

Microsoft 38, 53, 66, 86, 115, 121-2

Mintzberg, Henry 12-3, 47, 52
  estratégia deliberada e emergente 250-1

missão, declaração de 82-3

modelo dos 7S 218-9

modelo de execução de estratégia 240-1

modelo de orientação estratégica 244-5

modelo do oceano azul 226-7

modelos de negócios 132-3

moldando o futuro 20-5, 157-8
  imaginação de cenários 56, 181, 185
  planejamento de cenários 220-1

mudança
  discussão em reuniões de estratégia 169-71
  em mercados 66-71
  gestão de 175-80
  modelo das oito fases 236-7
  modelo de dinâmica de estratégia 46, 210-11
  profunda 170

Mullally, Alan 189

negócio, modelos de 132-3

Netflix 60

Netscape 121

Nintendo 147

Nissan 143

Nokia 53, 92, 122

Nonaka e Takeuchi, espiral de conhecimento de 216-7

Norton, David P. 165

balanced scorecard 238-9

novos mercados
  criando 119-26
  oportunidades em 67-71

novos participantes como uma das 5 forças 71, 104, 206

objetivos
  ações para atingir 22
  em reuniões de estratégia 169

oceano azul, estratégia do 118, 226-7

Ohmae, Kenichi 37

oportunidades
  crescimento de mercado e novos mercados 66-71
  não planejadas 48-9
  para a organização 22

Oracle 136

organização 20-5, 139-41
  autossuficiente 245
  fragmentada 245
  mercenária 244
  orgânica 245
  tipos 244-5

orientação
  e animação, modelo de 232-3
  estratégica, modelo de 244-5

P&G 121

Palmisano, Sam 113

passado e o quadro global 76

pensar
  antes de planejar 26-31
  como um estrategista *veja* estrategista, pensando como um
  tempo para 28-9, 161-2

perguntas de estratégia
  básicas (poderosas) 201-3
  em reuniões 168
  feitas por estrategistas 33-5

pessoas, envolvimento de
  em pensar antes de planejar 35
  falta de 182
  na criação de estratégia 176
  no processo de estratégia 162
  para evitar o fracasso 184
  para vender sua estratégia 38-9
pirâmide, modelo da base da 254-5
planejamento
  ciclos 159-61
  corporativo 49-50, 159-61
  estratégico, equipe de 22-3
  pensando antes 26-31
planos corporativos 49-50, 159-61
Pontos de Inflexão Estratégicos
  65
Pop Idol (competição de TV) 32
Porter, Michael 13, 71, 87
  modelo de cadeia de valor 212-3
  modelo de 5 forças de
  competição 46, 71, 104, 206-7
  modelo de estratégias genéricas
  208-9
portfólio de produtos, matriz de
  224-5
posição, descobrir 81-7
Prahalad, C.K. 254
  modelo da base da pirâmide
  254-5
processos
  de gestão de estratégia 159-65
  de negócios, modelo de
  redesenho de 242-3
produtos
  concorrentes 115-6, 122
  criando novos 119-26
  estratégia do oceano azul 118,
  226-7
  matriz de portfólio de 224-5
  substitutos como uma das 5
  forças 71, 104, 206

progresso
  medido em reuniões de
  estratégia 170
  revisão de 160-1
propósito da organização 21

quadro global 75-80
  conhecimento de mercado 66
  crescimento do negócio 138
  criando sua estratégia 73-4
  e o estrategista 33-4
  processo de gestão de estratégia
  161
  vantagens competitivas 92
  vendo o 75-80, 131

reação
  a ameaças 192-5
  aos eventos 48-52
recrutamento para preencher
  lacunas 154
recuperação, desempenho 191, 198
recursos
  vantagem baseada em 118
  visão baseada em (RBV) 154,
  156, 214-5
Red Bull 147
reputação como diferenciador 93
restrições em organizações 33-4
*Retreats that work: everything you
  need to know about planning
  and leading great offsites* [Retiros
  que funcionam: tudo o que
  você precisa saber sobre ótimos
  locais fora da empresa para
  planejamento e liderança]
  (Liteman, Campbell, Liteman) 174
reuniões de estratégia 166-74
  aquecimento nas 168
  atividade criativa 168
  objetivos 169

organizadores 168
perguntas 168
próximos passos 169-71
visão geral 169
revisão do processo de estratégia 160
riscos
    assumir 53-9
    e tomada de decisão 98
    métodos de análise 56
rotinas defensivas 180
Ryanair 130

salvando do fracasso
    companhia 189-98
    estratégia 181-8
Seat 124
serviços, criando novos 119-26
Shell 181
Southwest 130
sinais do seu sucesso como estrategista
    adaptando-se à concorrência 109
    assumindo riscos 57
    compreendendo forças 155
    crescimento do negócio 142
    criando novos mercados 124
    descobrindo posição, intenção e direção 85
    entendendo o que pode dar errado 187
    entendendo o que é estratégia 14
    enxergando o quadro global 79
    estratégia competitiva 63
    expansão global 149
    ficando à frente da concorrência 134
    gerenciando mudanças 178-9

gerenciando o processo de estratégia 163
moldando o futuro 24
monitorando mercados 69
pensando antes de planejar 29
reagindo a eventos 51
reuniões de estratégia 172
salvando a companhia do fracasso 196
tomada de decisões 101
tornando-se um pensador estratégico 36
vantagens competitivas 94
vencendo jogos de estratégia 117
vendendo sua estratégia 42
Skoda 124
Só os paranoicos sobrevivem (Grove, A.) 64
socialização 216
Sony 38, 147
Southwest 130
Stacey, Ralph 46
    estratégia da complexidade 46, 256
Stalk, George 118
Stalker, George 110
sucesso *veja* sinais do seu sucesso como estrategista
Sun Tzu 12, 258
SWOT, análise 46, 185, 204-5

Taleb, Nassim Nicholas 59
Target 103, 115
tecnologia, companhias de 122
tempo
    em reuniões 167
    para pensar 28-9, 161
Thomas, Howard 25
Toshiba 147
Toyota 143, 152

Treacy e Wiersema, modelo de disciplinas de valor de 230-1

Twitter 75, 85

União Europeia (UE) 145

valor
modelo da cadeia de 212-3
modelo de disciplinas de 230-1

Valor Presente Líquido (VPL) 56

vantagens
como encontrar 74
competitivas 88-96, 114-8, 121-4, 208-9
criando novos mercados 119-26
modelo de estratégias genéricas 208-9
procurando por 88-96

vencendo com estratégia 111-2
compreendendo forças 151-6
crescimento do negócio 136-43
criando novos mercados 119-26

expansão global 144-50
ficando à frente da competição 127-35
jogos 113-8

vendendo sua estratégia 38-43

Vibrant (produto alvejante) 121

Virgin Airlines 130

Vodafone 88, 144, 146

VW 124

Walmart 103, 115, 146-7

Whittington, Richard 15

X Factor 32

YouTube 11, 151

zappos.com 127

Zara (cadeia de roupas) 92

Zipcar (compartilhamento de carro) 119

Zuckerberg, Mark 26

Agradecimentos do autor

Obrigado aos milhares de pessoas que trabalharam comigo em sessões de estratégia ao redor do mundo. Comparar a teoria sobre estratégia com a estratégia no mundo real é o cerne de *Estratégia – do planejamento a execução*.

Obrigado em especial àqueles que ofereceram comentários e opiniões durante o processo de escrita, e àqueles que discutiram ideias de estratégia comigo ao longo dos anos. Entre esses estão Sotirios Paroutis, David Wilson, Simon Collinson, Jan-Henrik Andersson, Steve Cummings, Mikal Lewis, Jon Pincus, Cesar Malacon, Mike Chitty e Olivier Van Duüren. Também se incluem aí os pensadores, vivos ou mortos, cujo trabalho inspirou este livro.

Agradecimentos também a minha equipe de edição – Liz Gooster e Elie Williams –, que melhoraram o livro por meio de seu trabalho como editores. E para Laura Blake, que mostrou dedicação e paciência notável para garantir a alta qualidade da obra que você está prestes a ler.

Agradecimentos dos editores

Os editores são gratos às seguintes pessoas e instituições pela permissão para reproduzir material protegido por direitos autorais:

Figura da p. 206 de HOW COMPETITIVE FORCES SHAPE STRATEGY, *Harvard Business Review*, março/abril (Porter, M., 1979); figura da p. 208 reproduzida com permissão da Free Press, divisão da Simon & Schuster, Inc., de *COMPETITIVE ADVANTAGE: Creating and Sustaining Superior Performance*, de Michael E. Porter. Copyright © 1985, 1998 de Michael E. Porter. Todos os direitos reservados; figura da p. 212 reproduzida com permissão da Free Press, divisão da Simon & Schuster, Inc., de *COMPETITIVE ADVANTAGE: Creating and Sustaining Superior Performance*, de Michael E. Porter. Copyright © 1985, 1998 de Michael E. Porter. Todos os direitos reservados; figura da p. 216-7 de *The Knowledge-Creating Company: How Japanese Companies Create the Dynamics of Innovation*, de Ikujiro Nonaka e Hirotaka Takeuchi (1995), com permissão da Oxford University Press, Inc; figura da p. 222 de "Strategies of Diversification", *Harvard Business Review* 25(5), set-out, págs. 113-25 (Ansoff, I.); figura da p. 226 de *Blue Ocean Strategy: How to Create Uncontested Market Space and Make the Competition Irrelevant*, Harvard Business School Press (Kim, W. C. e Mauborgne, R., 2005); figura da p. 228 de *Evolution and Revolution as Organizations Grow*, Harvard Business School Press (Greiner, L. E., 1988); figura da p. 196 de *The Discipline of Value Leaders: Choose your Customers, Narrow your Focus, Dominate your Market*, Perseus Books (Treacy, M. e Wiersema, F., 1995); figura da p. 232 de *Images of Strategy*, Cummings, S., e Wilson, David C., © 2003, Blackwell Publishing Ltd, reproduzida com permissão de John Wiley & Sons Ltd; figura da p. 236 reproduzida com permissão da Free Press, divisão da Simon & Schuster, Inc., de *A FORCE FOR CHANGE: How Leadership Differs from Management*, de John P. Kotter. Copyright © 1990 de John P. Kotter, Inc. Todos os direitos reservados; figura da p. 238 de *The Balanced Scorecard: Measures that Divide Performance, Harvard Business Review* (Kaplan, R. S. e Norton, D. P., 2005); figura da p. 240 de *Making Strategy Work*, Wharton School Publishing (Hrebiniak, L.G., 2005); figura da p. 242 de The Condor Business Process Re-Engineering Model, *Managerial Auditing Journal*, 15, 1/2, págs. 42-46 (Vakola, M., Rezgui, Y. e Wood-Harper, T. 2000), Emerald Group Publishing Limited; figura da p. 248 de The Executive Mind and Doubleloop Learning, *Organizational Dynamics*, 11 (2), págs. 5-22 (Argyris, C. 1982), ©1969, Elsevier; figura da p. 250 adaptada de *Strategy Safari*, 2. ed., Pearson (Mintzberg, H., 2009), p. 12, com agradecimentos a Henry Mintzberg; figura da p. 252 de *Seizing the White Space*, Harvard Business School Press (Johnson, M., 2010); figura da p. 254 adaptada e reproduzida com permissão de "The Fortune at the Bottom of the Pyramid", de C. K. Prahalad e Stuart L. Hart, da edição do primeiro trimestre de 2002 da revista *Strategy+Business*, publicada pela Booz & Company. Copyright 2002. Todos os direitos reservados. www.strategy-business.com.

Em alguns casos, não conseguimos descobrir os donos do material protegido por direitos autorais, e ficaríamos gratos por qualquer informação que nos permitisse isso.